SOLUÇÃO EXTRAJUDICIAL DOS CONFLITOS DO TRABALHO

Brasil, Espanha e Itália

PATRÍCIA THEREZINHA DE TOLEDO

SOLUÇÃO EXTRAJUDICIAL DOS CONFLITOS DO TRABALHO

Brasil, Espanha e Itália

LTr®
70 anos
2006

Dados Internacionais de Catalogação na Publicação (CIP)
(Câmara Brasileira do Livro, SP, Brasil)

Toledo, Patrícia Therezinha de

Solução extrajudicial dos conflitos do trabalho : Brasil, Espanha e Itália / Patrícia Therezinha de Toledo. — São Paulo : LTr, 2005.

Bibliografia.
ISBN 85-361-0737-5

1. Conflitos do trabalho 2. Mediação e conciliação trabalhista I. Título.

05-3311 CDU-34:331.89

Índice para catálogo sistemático:

1. Conflitos do trabalho : direito do trabalho 34:331.89

(Cód. 3125.5)

LTr

EDITORA LTDA.

Rua Apa, 165 — CEP 01201-904 — Fone (11) 3826-2788 — Fax (11) 3826-9180
São Paulo, SP — Brasil — www.ltr.com.br

Abril, 2006

AGRADECIMENTOS

Inicio agradecendo ao MESTRE de todos os MESTRES, aquele que nos propiciou receber os dons da Vida e do Espírito Santo, nos dando saúde e, ao mesmo tempo, nos incentivando a abrir caminhos para o conhecimento e vencer as batalhas que a vida oferece.

Especialmente pelos meus pais, que contribuíram nesta estrada esculpindo, naquela, ainda, menina, valores inestimáveis. Ao meu pai, *Milton de Toledo* (*in memoriam)*, e à minha mãe, *Ilda da Graça de Toledo*, minha gratidão e admiração. À minha querida filha *Beatriz Fernanda Garcia de Toledo*, razão do meu viver e que, ainda no meu ventre, me acompanhou nas jornadas acadêmicas. Agradeço meu companheiro Jaime Arderius Garcia, cujo amor foi incentivo para realizar este sonho.

É muito difícil a tarefa de agradecer pessoas por uma conquista, sem cometer a injustiça de esquecer de alguém. Contudo, submeto-me a esta aventura de agradecer àqueles que, de alguma maneira, colaboraram. Primeiramente, o Professor Dr. *Cássio Mesquita Barros,* meu primeiro incentivador da idéia de cursar o Doutorado na "Universidad Complutense de Madrid", e ao mestre, orientador e grande amigo, Professor Catedrático Dr. *Fernando Valdés Dal-Ré*, a quem me faltam palavras para expressar minha gratidão.

Devo destacar o apoio da Magistratura Trabalhista, encabeçada por Dra. *Dora Vaz Treviño*, Dra. *Maria Aparecida Pellegrina* e Dr. *Antonio José Teixeira de Carvalho*, através dos quais agradeço a todos os Colegas.

Minha gratidão ao ilustre Jurista *Ari Possidonio Beltran* e ao Ministro *Ives Gandra Martins*, pelo incentivo e estímulo na elaboração deste compêndio, assim como ao Bel. *Marcos da Silva Kucharsky,* Revisor deste livro. Às amigas incansáveis, *Francisca Edilândia de Moraes*, *Maria de Fátima Salada* e *Márcia Mercè Segura Dadia*.

ÍNDICE

APRESENTAÇÃO

Em abril de 2003, tivemos a oportunidade de compor Banca Examinadora da então postulante ao título de Mestre pela Universidade de São Paulo, Dra. *Patrícia Therezinha de Toledo*, que, na ocasião, submetia a exame a dissertação com o título "Comissões de Conciliação Prévia". Compunham, também, a Banca Examinadora os ilustres juristas *Sérgio Pinto Martins* (orientador da candidata) e *Carlos Alberto Carmona*, o que valorizou, sobremaneira, a aprovação obtida pela candidata, aliás, de forma brilhante.

Fomos, agora, honrados com a incumbência de fazer a apresentação de trabalho da mesma Autora, para fins de publicação, com o título "Solução extrajudicial dos conflitos do trabalho — Brasil, Espanha e Itália". Embora guardando sua estrutura fundamental, o trabalho foi revisado e notoriamente enriquecido, uma vez que a acadêmica e Juíza Titular de Vara do Trabalho na Segunda Região, Dra. *Patrícia Therezinha de Toledo*, acertadamente, acolheu algumas observações feitas pela Banca Examinadora, bem como, tendo cursado e apresentado monografia na Universidade Complutense de Madrid — onde foi orientada pelo eminente jurista espanhol Professor Catedrático Dr. *Fernando Valdés Dal-Ré* —, aplicou os conhecimentos ali auferidos para analisar, em estudo comparativo, os sistemas de soluções extrajudiciais dos três países que dão título à obra.

Deve ser observado, como se constata desde o sumário do ensaio realizado, que a autora utilizou, de forma inteligente, o método dedutivo, partindo do geral para o particular, eis que conceitua e classifica os conflitos do trabalho, aponta formas de solução para os mesmos conflitos, desde a autotutela à jurisdição, para deter-se nos procedimentos extrajudiciais, de conciliação, mediação e arbitragem. Enfatiza, então, o modelo brasileiro das Comissões de Conciliação Prévia para, na segunda parte do trabalho, deter-se no estudo comparativo dos três países, elaborando aí minuciosa análise dos sistemas daqueles Estados-membros da União Européia, ou seja, Espanha e Itália. São apresentadas, por fim, as conclusões da pesquisadora, trazendo, também, em apêndice, a respectiva legislação alienígena pertinente ao estudo.

Não poderia ser olvidado que a Autora também dá destaque à autonomia privada coletiva, meio pelo qual "as partes exercitam sua capacidade de solucionar a respectiva conflitividade".

Também aí não teríamos como discordar da pesquisadora, porque, quando, nos idos de 1996, publicamos trabalho sobre conflitos coletivos, obra essa constante da bibliografia do presente, assim entendíamos a questão da autonomia coletiva: "Há de se dar destaque na órbita do Estado democrático à autonomia coletiva, que consiste no reconhecimento — que a ordem jurídica outorga aos grupos sociais organizados — de regular seus próprios interesses. Trata-se de expressão da democracia pluralista, em que, em oposição ao monopólio do Estado na produção jurídica (monismo), há a diversificação de fontes de produção do Direito (pluralismo). Em tal contexto, a autonomia sindical é fundamentada nos princípios da liberdade e da democracia. Não se confunde, é claro, com a soberania, que pertence ao Estado, mas a despeito de estar limitada pela ordem estatal, ostenta a faculdade de criar normas próprias, independentemente daquela. A autonomia coletiva está, pois, nos seguintes planos: a) autonomia institucional (auto-organização e auto-regulação interna); b) autonomia normativa (autonomia coletiva em sentido estrito, com amplo poder de negociação e de contratação); c) autonomia representativa (poder de representação dos interesses do grupo); e, finalmente, d) autotutela coletiva (poder de defesa dos interesses do grupo por meio de ação direta, sendo a greve a mais poderosa forma de exteriorização conflitiva que visa ao atendimento de reivindicações econômicas ou profissionais). As ações conflituais diretas não encerram um fim em si mesmas: são procedimentos que têm por escopo a solução da controvérsia e cujo aspecto instrumental deve ser ressaltado. Na verdade, visam à criação de ambiente e de condições para a solução, seja acelerando a negociação, seja provocando a solução jurisdicional do conflito. Cabe ao Estado elaborar normas e ordenar os procedimentos de luta, mas cabe aos interlocutores sociais buscar as formas de solução dos conflitos. É preponderante, então, a atuação dos sujeitos coletivos na prevenção e na busca de soluções para as controvérsias. A autocomposição deve preponderar sobre as formas heterônomas de solução. É tendência mundial a solução autocompositiva, sendo a negociação coletiva o método por excelência de prevenção e solução dos conflitos." (...) (Cf. nosso *A Autotutela nas Relações do Trabalho*. São Paulo: LTr, 1996, pp. 324-325).

Entende a pesquisadora que, para as partes litigantes, a certeza de uma solução rápida do conflito seria o maior incentivo para a busca das soluções extrajudiciais, mas, de forma perspicaz, alerta: "No entanto, a estrada das vias judicial e extrajudicial não são opções que se afastam, mas caminham com respectiva influência, visto que a opção pela via extrajudicial não deve decorrer da ineficiência e demora do processo judicial, mas sim de sua efetividade." Vale dizer, ambas as soluções devem conviver na relativização proposta pelo raciocínio, culminando por enfatizar que, acima de teorias e dogmas, deve preponderar o interesse público, eis que os jurisdicionados em particular e a própria coletividade como um todo são os verdadeiros destinatários e interessados nas soluções dos conflitos, pois, num Estado Democrático de Direito, a pacificação social insere-se entre os direitos fundamentais de todo ser humano. Eis a verdadeira mensagem de tão minuciosa pesquisa científica.

Por todas as razões apontadas, recomendamos a todos os estudiosos do Direito do Trabalho a leitura atenta desta importante contribuição agora trazida ao mundo jurídico pela Dra. *Patrícia Therezinha de Toledo.*

Ari Possidonio Beltran
Advogado. Graduado, Mestre, Doutor e Livre-docente pela Universidade de São Paulo. Professor de Direito do Trabalho (Cursos de Graduação e Pós-Graduação) da Faculdade de Direito da Universidade de São Paulo. Coordenador do Setor de Estágios e do Serviço de Aproximação Docente e Profissional da Faculdade de Direito da Universidade de São Paulo. Conselheiro da Associação dos Advogados de São Paulo — AASP.

1. INTRODUÇÃO

O presente trabalho tem sua gênese na dissertação de Mestrado apresentada no Departamento de Direito do Trabalho da Universidade de São Paulo, da qual se obteve o título de Mestre em Direito do Trabalho e a monografia apresentada perante a Universidade Complutense de Madrid, em que fomos agraciados com o "Certificado de Estúdios Avanzados" durante o Curso de Doutorado, ambos no ano de 2003, assim como da experiência como Magistrada do Trabalho.

Da análise do sistema de solução dos conflitos do trabalho no Brasil, Espanha e Itália, constata-se um elevado número de demandas na Justiça Social, cuja demora na tramitação dos processos vem afetando a efetividade dos mecanismos de resolução. Esta observação derivou o interesse pelo estudo dos procedimentos alternativos verificando as dificuldades para a respectiva implantação, considerando a realidade de cada um dos países.

No Brasil, Espanha e Itália impera a necessidade urgente de desenvolver os procedimentos extrajudiciais por meio de um filtro socialmente viável para anteceder ao Poder Judicial, com o objetivo de obter soluções rápidas dos conflitos do trabalho, fato que justifica a atualidade do tema. Não se pode deixar de considerar a dificuldade de fazer um estudo comparado entre os mencionados países,[1] tendo em vista a complexidade do tema e a individualidade de cada sistema. Tanto isto é verdade, que os próprios peritos da União Européia vem encontrando dificuldade em elaborar uma diretiva sobre tal tema, tendo em vista as complexidades enfrentadas em cada país integrante.

Na Espanha, existem dois canais de conciliação extrajudicial: a conciliação administrativa realizada pelo *Servicio de Mediación, Arbi-*

(1) VALDÉS DAL-RÉ, Fernando. "Conciliación, mediación y arbitrajo en los países de la Unión Europea", *Relaciones Laborales* n. 10, ano XVIII, Madrid, septiembre 2002, p. 19. "A Intensa permeabilidade dos SESCC (Fórmulas extrajudiciais de solução dos conflitos coletivos) ao seu meio — ao histórico, ao institucional, ao econômico, ao social ou ao cultural — é um dado inesquivável no uso do método comparatista proposto; dado este que aconselha uma extrema prudência na hora de oferecer um quadro de conclusões deduzidas das semelhanças ou dissimilitudes constatadas. As generalizações podem se converter em banais ou erráticas simplificações, incapazes de dar resposta ao motivo das convergências e divergências apreciáveis entre os procedimentos autônomos de solução da conflitividade laboral."

traje y Conciliación — SMAC e a conciliação criada pela negociação coletiva, que também é denominada conciliação autônoma. A conciliação autônoma está muito desenvolvida, especialmente pelos acordos interprofissionais das Comunidades Autônomas. O sistema nasceu e se desenvolveu de forma descentralizada, sendo o primeiro acordo o do País Vasco (1984) e, logo depois, o da Catalunha (1992). Como conseqüência da mobilização social, firmou-se o primeiro acordo estatal (ASEC-1996) e hoje, somente a Comunidade Autônoma de Astúrias carece de acordo próprio.

Nosso estudo aprecia, também, a conciliação como pressuposto processual e respectivo procedimento. Observa-se a existência de pronunciamentos judiciais na Itália e Espanha no sentido de compatibilizar os mecanismos extrajudiciais com o princípio da tutela judicial efetiva, fundamentado nos artigos 24 e 24.1 das respectivas Constituições. Isto significa uma grande diferença com respeito ao Brasil, em que não existe uma definição, inclusive pela ausência de julgamento pelo Supremo Tribunal Federal das respectivas Ações Diretas de Inconstitucionalidade do art. 625-D da CLT.

O modelo brasileiro revela a total supremacia da opção pela solução judicial, já que a Justiça do Trabalho do país compreende grande parte do sistema judicial. Ademais, o caráter intervencionista estatal prepondera no Brasil, estando em vigor o texto da Consolidação das Leis do Trabalho de 1943, época do pleno apogeu do governo de Getúlio Vargas (fascista). Somente depois de muitos anos, em que a conciliação extrajudicial era apenas um tema em estudo, e havendo vários projetos de criação do sistema alternativo ao judicial, surgiu a Lei n. 9.958/00, que criou as "Comissões de Conciliação Prévia" e atribuiu, aos acordos firmados nelas, efeitos de títulos executivos extrajudiciais. A intenção do legislador era correta, mas a efetividade da conciliação extrajudicial introduzida pela Lei n. 9.958/00 não logrou êxito, já que existe um quadro excessivo de fraudes.

A ausência de definição do Supremo Tribunal Federal (Alta Corte do Brasil), a respeito da constitucionalidade de se exigir a submissão dos conflitos trabalhistas às Comissões antes da instauração do processo, vem gerando grandes controvérsias. Uma parcela da jurisprudência sustenta que a submissão extrajudicial é facultativa, pois a norma (art. 625, "d", da Consolidação das Leis do Trabalho) não contém regra expressa, nem prevê qualquer punição pelo não-cumprimento. Outra parte da jurisprudência qualifica de obrigatória a tentativa de conciliação extrajudicial, em função do próprio texto do artigo antes mencionado, que determina a submissão de qualquer demanda à Comissão.

Outro ponto, a ser examinado, é a dificuldade de implantação das Comissões no Brasil pela ausência de fixação da fonte de custeio dos gastos de sua instalação e manutenção. Ressaltamos que na Espanha, o Estado assume tal encargo, por meio de verba definida anualmente.

O outro sistema analisado foi o italiano, devendo destacar-se que a história da tentativa de conciliação extrajudicial na matéria laboral encontra oscilações entre a facultatividade e a obrigatoriedade. A Lei n. 533/73 representou uma grande inovação, pois fixou dois canais para a conciliação extrajudicial de caráter facultativo: a) sede sindical — art. 411, inciso 3, CPC; e b) sede administrativa — arts. 410, 411, incisos 1, 2 do CPC, criando a "Comissioni Provincialli di Conciliazione". A partir de 1980, incrementou a tendência em considerar obrigatória a tentativa de conciliação extrajudicial, sendo um aspecto chave na reforma do emprego público. Tal reforma determinou a transferência das matérias do público emprego da jurisdição administrativa à jurisdição ordinária, e a tentativa de conciliação extrajudicial passou a ser obrigatória (Decreto Legislativo n. 29, de 22.1.1993).

O Decreto Legislativo n. 387/98 ampliou para as controvérsias trabalhistas de âmbito privado a tentativa obrigatória de conciliação extrajudicial, que representa uma condição para a apresentação da demanda (art. 410-412 CPC). No momento, o sistema italiano direcionou-se para um projeto de Reforma, o "Códice de Procedura Civile", para obter uma maior efetividade da tentativa obrigatória de conciliação extrajudicial.

Nesse diapasão, já podemos observar que a elaboração de norma jurídica com o fito de dirimir conflitos laborais e agilizar sua efetividade dentro da forma extrajudicial implica em pressupor que o direito laboral é uma realidade subsistente em si mesma. Por outro lado, um estudo puramente positivo da evolução e reformulação do ordenamento jurídico neste aspecto, sem correlacioná-lo com fatores de estrutura e forma de operação, objetivando adaptações e até transformações desaguaria em simples equação técnica sem colocarmos em cena a dinâmica social. Aparentemente, as coordenadas estabelecidas neste estudo não constituem novidade, todavia a matéria vem encontrando obstáculos, havendo necessidade de uma verificação das proposições colhidas acerca do assunto, por meio de um estudo dos diversos institutos e leis analisados em si mesmos, bem como acareação de seu conteúdo nas situações conflitivas provocadas pela movimentação e progresso social.

2. CONFLITOS

Não existe unanimidade entre os juristas sobre a definição do conceito de conflito, pois utilizam tal vocábulo e, outros, indistintamente, como os de controvérsias, medida conflitiva e reclamação.

ManuelAlonso Olea e *Maria Emilia Casas Baamonde* afirmam que o conflito de trabalho é toda discussão ou controvérsia manifestada externamente entre empresários e trabalhadores quanto às condições de trabalho.(2)

OjedaAvilés apresenta as diferenças entre conflitos, controvérsias e medidas conflitivas: a) no conflito é uma situação de discrepância entre partes de uma relação, cuja intensidade é variável e pode se mostrar latente ou se ter exteriorizado; b) a controvérsia é um conflito externamente manifestado; c) as medidas conflitivas são quaisquer recursos utilizados pelas partes que estão em litígio direto e incluem a promessa, ameaça, simulação, etc.(3) A expressão *conflito* é a que melhor conceitua o fenômeno em estudo e foi adotada pelo legislador espanhol (art. 152 da Lei de Procedimento Laboral).

2.1. Classificação dos Conflitos de Trabalho

Os conflitos de trabalho classificam-se em função dos sujeitos em litígio e da natureza dos interesses debatidos. É entendimento da doutrina e da jurisprudência que o critério numérico não é decisivo em tal classificação, pois é possível que a situação de um único trabalhador possa gerar uma controvérsia que exceda seu interesse individual, afetando o grupo. Entretanto, a pluralidade de trabalhadores não é condição suficiente para que se possa dizer, tecnicamente, que seja um conflito coletivo.

O conflito individual ocorre entre trabalhador e empresário, tendo como objeto o debate sobre o reconhecimento de um direito subjetivo de caráter singular. Portanto, segue sendo conflito individual, ainda que afete a vários trabalhadores ou empresários, quando tem como matéria

---

(2) ALONSO OLEA, Manoel; BAAMONDE, Maria Emilia Casas. *Derecho del Trabajo.* 16ª ed. ver. Madrid: Civitas, p. 933.

(3) AVILÉS, Antonio Ojeda. *Derecho Sindical.* Madrid: Tecnos, 1992, p. 391.

a discussão de um interesse de caráter particular, ou seja, individual. São os denominados conflitos pluriindividuais.

O conflito coletivo tem como objeto um interesse que se atribui a uma categoria ou coletividade laboral. É característica do interesse coletivo ser suscetível; portanto, extensivo a todo o grupo, apresenta-se de forma distinta e autônoma com relação ao conjunto de interesse individuais.

A doutrina apresenta a seguinte classificação:[(4)] *Conflito individual* é o que enfrenta um trabalhador e seu empresário, singularmente considerado, sobre pretensões que têm sua origem no contrato de trabalho e que repercutem de forma diferenciada e concreta sobre a esfera patrimonial de cada sujeito. *Conflito plural* é a justaposição de pretensões de signo individual. Os trabalhadores são afetados singular e simultaneamente, porque entre eles pode existir um "interesse unitário" que possibilita sua atuação conjunta.

O conflito coletivo encontra origem no enfrentamento entre um grupo genérico ou pluralidade de trabalhadores com um ou diversos empresários sobre pretensões que afetam a seu interesse coletivo ou geral. "Conflito coletivo de trabalho somente se aplica a situações de contenda ou controvérsia que tem sua raiz nas condições de trabalho e afetam indistintamente o grupo de trabalhadores (categoria profissional) referente à determinada empresa ou grupo de empresas." Tal definição, contém três características relevantes: a) representa uma situação de disputa ou enfrentamento; b) tem dimensão ou alcance coletivo; e c) tem origem na relação laboral.[(5)]

A delimitação entre plural e coletivo não se pode estabelecer sobre o elemento subjetivo, mas sim pelo objetivo; quer dizer, a natureza da pretensão que se pretende postular. O conflito coletivo tem um interesse de discussão coletiva e afeta aos membros de um grupo genérico ou coletividade laboral à margem das circunstâncias pessoais que se compõem. É um tipo de conflito que afeta de forma indiferente a um grupo ou categorias de trabalhadores (de uma empresa, um setor de atividade, um setor profissional). Converge sempre um interesse coletivo, um interesse abstrato, interesse da categoria. É modalidade de conflitos que afetam aos trabalhadores e empresários compreendidos no âmbito funcional e territorial do conflito. O conflito coletivo tem dois elementos: um subjetivo (afetação a seu conjunto estruturado e homogêneo de

---

(4) GARCIA ORTEGA, Jesus; GOERLICH PESET, José Maria; COBOS ORIHUEL, Francisco Perez; MARTINEZ, Juan M. Ramírez e SALA FRANCO, Tomas. *Curso del Derecho del Trabajo*. 9. ed. Valencia: Tirant lo Blanch, p. 215.

(5) MARTIN VALVERDE, Antonio; SAÑUDO GUTIÉRREZ, Férmin Rodrigues; GARCIA MÚRCIA, Joaquin. *Derecho del Trabajo*. Madrid: Tecnos, 2000, p. 369.

trabalhadores) e outro objetivo (um interesse geral e indivisível corresponde ao grupo de trabalhadores).

A pretensão de conflito coletivo tem de reunir as seguintes características: 1) expressar um conflito real e atual; 2) que seja um conflito econômico ou social de determinada categoria profissional, versando sobre a criação, manutenção, ou ainda, a interpretação ou aplicação de uma regra preexistente; e, 3) deve ter transcendência coletiva, em razão de contagiar diretamente direitos coletivos, seja porque afete diretamente prerrogativas da categoria representada, seja indiretamente um grupo de trabalhadores, ainda que possa girar em torno de direitos de titularidade individual. Conflito individual é um tipo de conflito que se cria exclusivamente entre um trabalhador e seu empresário. Existe diferença do conflito plural que não deixa de ser individual, quer dizer, que alcança certa generalidade em razão do número de trabalhadores afetados.

É muito acertada a constatação de *Ortega, Peset, Cobos Orihuel, Martinez* e *Sala Franco*[6] no sentido de considerar artificiosa a distinção entre conflito individual e coletivo. A despeito da objetivação, na prática buscam-se pretensões individuais para certo grupo de trabalhadores (categoria profissional), por meio das ações coletivas. Sem embargo, a definição da natureza do conflito é imprescindível para delimitar o tipo de resolução que se fixou na normatividade laboral. Não se pode deixar de destacar que a definição entre conflito plural e coletivo, em função da qualificação de uma pretensão, resulta problemas na sua aplicação prática. Em conseqüência, muitos pronunciamentos judiciais se manifestam sobre a idoneidade do procedimento, antes de resolver uma pretensão coletiva.[7]

2.2. Tipos de Conflitos

Tal distinção não deve oferecer critérios para saber quais são e quais devem ser os procedimentos adequados para a resolução des-

---

(6) GARCIA ORTEGA, Jesus; GOERLICH PESET, José Maria; COBOS ORIHUEL, Francisco Perez; MARTINEZ, Juan M. Ramírez; SALA FRANCO, Tomas. *Curso del Derecho del Trabajo. Op. cit.*, p. 215.

(7) São valiosas as lições de FERNADEZ, M. Luz Rodriques *In Conciliación, Mediación y Arbitraje Laboral en los países de la Unión Europea.* Madrid: Ministério de Trabajo y Asuntos Sociales, 2003, p. 155: "Pois bem, a separação entre conflitos *individuais e coletivos e* sobretudo, a separação entre conflitos *jurídicos e* de *interesses* guardam fundamentalmente relação com as formas ou métodos de solução de conflitos que podem ser empregados em cada um deles. Com efeito, como se verá pouco depois, em função de que tipo de conflito enfrente as partes, poderão utilizar por elas uns ou outros procedimentos para sua solução. Trata-se, portanto, de uma tipologia puramente instrumental, no sentido de não servir mais que para encaminhar de um modo ou outro a solução do conflito."

ses conflitos e como conseqüência de uma identificação de estrutura funcional dos diversos tipos de conflito que se podem plantar. Os conflitos podem se classificar atendendo a diversos critérios: os meios utilizados para sua solução e as formas de manifestação. O mais útil é aquele que atende a finalidade perseguida.

José Vida Soria(8) apresenta sua distinção entre conflitos sobre direitos e conflitos sobre interesses: Conflitos sobre direitos ocorrem "quando a pretensão controvertida objeto do mesmo trata simplesmente da interpretação e cumprimento de uma norma legal ou contratual, cuja existência e validade se dão por realizadas. Os conflitos sobre direitos se fundamentam, na realidade, de um direito preexistente, no qual se deve valorizar sob o enfoque de critérios objetivos que do seu conteúdo se derivam".

Existe conflito sobre interesses, quando a pretensão controvertida objeto de tal conflito se dirige se impõe na base, não de um direito preexistente, mas sim de um interesse subjetivo do qual ele atua. Ainda que tal interesse e tal atuação suponham a modificação da norma estabelecida, sua substituição por outra, ou sua inclusão para a criação de uma nova. Diz-se, resumindo, que o conflito sobre interesse não versa sobre um direito adquirido e atual, mas sim que se situa à margem dele, pretendendo, definitiva e precisamente, sua modificação.

Nas elaborações doutrinárias a respeito se utilizou (e ainda hoje se utiliza) expressão diferente; para se referir à realidade única desta distinção, fala-se igualmente de "conflitos jurídicos e conflitos econômicos", ou conflitos por não-cumprimento e conflitos novatórios.

Alfredo Montoya Melgar prefere a terminologia conflitos sobre apreciação do direito e conflitos de regulação, com relação à denominação de conflitos jurídicos e de interesses, por entender que em todo conflito jurídico existe também uma contenda de interesse econômico.(9)

Portanto, conflitos de aplicação de direito objetivam aplicar a regra jurídica existente ao caso controvertido. Tais conflitos podem ser indistintamente individuais ou coletivos. No entanto, os conflitos de regulação são aqueles em que não se discute a aplicação de uma norma ao caso concreto, mas se põe em debate a norma preexistente, objetivando sua modificação ou substituição por outra. Os conflitos de regulação são sempre coletivos.

---

(8) SORIA, José Vida. *Quince Leciones sobre Conflictos Colectivos de Trabajo*. Madrid: Universidad de Madrid, 1968, pp. 33-49.
(9) MELGAR, Alfredo Melgar. *Derecho del Trabajo*. Madrid: Tecnos, 2000, pp. 700-701.

O art. 151 da "Ley de Procedimiento Laboral Española (LPL)" estabelece o conceito dos conflitos jurídicos ou de aplicação de direitos, definindo como aqueles que versam sobre "a aplicação ou interpretação de uma norma estatal, convênio coletivo qualquer que seja sua eficácia, ou uma decisão ou prática de empresa". Portanto, os conflitos coletivos se dividem em: conflitos jurídicos ou de aplicação de direitos, e conflitos econômicos ou de interesses ou de regulação.

Existe diferença do âmbito de atuação do Poder Jurisdicional espanhol com relação ao brasileiro e ao italiano referente aos conflitos coletivos de trabalho econômicos ou de interesses.

No Brasil, antes do advento da Emenda Constitucional n. 45, de 8.12.2004, os dissídios coletivos versavam sobre conflitos coletivos jurídicos, de interesses ou de greve. O art. 114, § 2º, da Constituição Brasileira, atribuía ao órgão judicial um Poder Normativo, podendo estabelecer normas e condições, respeitadas as disposições convencionais e legais mínimas de proteção ao trabalho. Segundo o jurista *Amauri Mascaro Nascimento*, "Poder Normativo, em sentido amplo, é a faculdade conferida por lei a órgãos não integrantes do Poder Legislativo, para que possam estabelecer enlaces jurídicos espontâneos ou dizer conflitos coletivos submetidos à jurisdição".(10) Deve-se destacar que o poder normativo da Justiça Laboral Brasileira sofre severas críticas, em virtude da invasão à função reservada ao legislador. Ademais, os Sindicatos de Trabalhadores alegam que tal poder enfraquece a negociação coletiva, pois retira a força da autonomia coletiva.(11)

Em razão disso, a Emenda Constitucional n. 45, de 8.12.04, limitou o Poder Normativo, dando nova redação ao art. 114, § 2º, da Constituição Federal:

> "Recusando-se qualquer das partes à negociação coletiva ou à arbitragem, é facultado às mesmas, de comum acordo, ajuizar dissídio coletivo de natureza econômica, podendo a Justiça do Trabalho decidir o conflito, respeitadas as disposições mínimas legais de proteção ao trabalho, bom como as convencionadas anteriormente". (Inciso alterado pela Emenda Constitucional n. 45, de 8.12.04).

---

(10) NASCIMENTO, Amauri M. *Iniciação ao Direito do Trabalho.* São Paulo: LTr. 1993, p. 82.

(11) BELTRAN, Ari Possidonio. *A Autotutela nas Relações de Trabalho.* São Paulo: LTr, 1996, pp. 291-292.

Desse modo, criou-se a necessidade da concordância para se buscar a via judicial. Ademais, fixou de forma pontual os limites do Poder Normativo de respeito às condições legais mínimas de proteção do trabalhador e convencionais fixadas anteriormente.

Os juristas *Giuseppe Frederico Mancini* e *Umberto Romagnoli* mostram que na Itália não há diferença de tratamento no ordenamento de conflitos coletivos jurídicos e econômicos.(12) Assim, no Brasil e Itália, os conflitos coletivos de trabalho de interesses ou econômicos são apreciados pelo Poder Judiciário.

Na Espanha, não existe divergência com relação ao âmbito de atuação do Poder Jurisdicional aos conflitos coletivos jurídicos, e tampouco com referência aos conflitos individuais. Os conflitos de aplicação ou jurídicos apresentam como opções de solução: a) jurisdicional (arts. 91 do ET e 151 da LPL), e b) adoção de outros meios de conciliação, mediação ou arbitragem, segundo os arts. 37.2 da Constituição Espanhola (CE) e 91 do ET; quando se tratam de conflitos de interesses ou de regulação, o instrumento hábil é a negociação coletiva e os procedimentos extrajudiciais de conciliação, mediação e arbitragem (arts. 28.2 e 37.2 Const.).

No que diz respeito aos conflitos econômicos ou de interesses, nos encontramos com um tema de grande importância, que merece maior desenvolvimento. *ManuelAlonso Olea* e *Maria Emilia Casas Baamonde* afirmam que para a resolução dos conflitos coletivos econômicos ou de interesses, o legislador fixou como instrumento a negociação coletiva e os procedimentos de autotutela (arts. 28.2 e 37.2 da Constituição), mas esta reserva de procedimento extrajudicial não impede o acesso à via jurisdicional na hipótese de inconstitucionalidade.(13)

Alfredo Montoya posiciona-se no mesmo sentido, pois apresenta como formas de solução dos conflitos de regulação: a) Solução "interpartes" por conciliação; b) Solução "interpartes" por celebração de um

(12) MANCINI, Giuseppe Frederico; ROMAGNOLI, Umberto. *Il diritto sindicale.* Bologna: Mulino, 1971, p. 315.

(13) ALONSO OLEA, Manuel; CASAS BAAMONDE, Maria Emilia. *Derecho del Trabajo,* cit., 1998, p. 938. Mas esta reserva de *procedimento extrajudicial* não pode "cerrar toda via processual para que no caso de que o convênio ou situação que a parte incorra em discriminação contraria à Constituição, se pode exigir aos órgãos judiciais a igualdade". Entretanto, em tal caso, como a citada sentença constitucional demonstra, o conflito se justificou, pois é parte da preexistência de norma convencional, cuja cláusula apresenta inconstitucionalidade (caráter discriminatório) se impugna.

convênio coletivo; c) Solução arbitral; d) Solução jurisdicional: "o juiz dita uma chamada sentença coletiva de caráter normativo (tal como foi o sistema característico do Direito corporativo italiano)." Observa que a pretensão de alcançar uma nova regulação deverá obedecer o respeito às condições estabelecidas no convênio coletivo vigente, *rebus sic stantibus*.

Portanto, verifica-se que o modelo espanhol é o adequado para a solução dos conflitos econômicos ou de interesses, prestigiando a autonomia coletiva.

3. FORMAS DE SOLUÇÃO DOS CONFLITOS

Os métodos de solução dos conflitos laborais dividem-se em autotutela, autocomposição e heterocomposição, sendo elementos diferenciadores a definição dos sujeitos entre si e a sistemática adotada na solução do conflito.

3.1. Autotutela

A defesa do direito exercida pelo próprio titular é muito antiga, sendo normalmente proibida pela maioria das legislações e tolerada em casos excepcionais. Dois são os motivos da aceitação excepcional da autotutela: a) a impossibilidade do Estado de estar presente em todas as circunstâncias em que um direito tenha sido violado; b) a existência quase mínima do sentimento altruísta alheio que inspira a autocomposição.

Destaca-se que a autotutela é também denominada autodefesa e pressupõe o exercício da própria defesa. Implica que uma pessoa se imponha a outra, muitas vezes pelo uso da força física, para obter a solução de uma controvérsia. Nestes casos, pode aparecer a ameaça por meio da coação psicológica e moral.

Niceto Alcalá-Zamora Castillo estudou o tema analisando o conceito, a natureza jurídica e os pontos de convergência da autotutela, autocomposição e do processo,(14) pois são formas de solução dos conflitos.

A autodefesa é um imenso território que os processualistas apenas exploraram, já que em numerosos livros processuais, o processo figura como substituto da autodefesa. Entretanto, as figuras da autodefesa são analisadas no direito penal (legítima defesa e estado de necessidade) ou em direito civil, sem qualquer preocupação com o exame do conceito de autodefesa.

Na verdade, o conceito de autodefesa é negativo, com relação a outras duas formas de desembocadura do litígio, que são autocompo-

---

(14) CASTILLO, Niceto Alcalá-Zamora. *Proceso, Autocomposición y Autodefensa.* Mexico: Unan, 1970.

sição e processo. Ao analisar a etimologia da palavra autodefesa, encontramos as seguintes objeções: "o vocábulo, formado pela justaposição do prefixo auto e o substantivo defesa, equivale à defesa própria ou por si mesmo. Suas duas palavras integrantes suscitam objeções, ou melhor, dizendo, aplicadas literalmente, deveriam ficar fora da autodefesa, já que não poucas as manifestações que na mesma se incluem, e ao contrário, haveria de incorporar a mesma, e é mau, o que seria conhecido por antonomásia, à defesa pessoal que, nos processos onde não seja regido pela carga do patrocínio letrado, assuma alguma das partes".[15]

Igualmente, *Ary Possidonio Beltran*, conceituando a autotutela como sendo "autodefesa pressupõe o exercício da própria defesa, sendo assim a mais primitiva forma de solução de conflitos. Implica no ato pelo qual alguém procura impor a outrem, via de regra pelo uso da força física, a solução da pendência. Não raro a coação psicológica e moral são meios utilizáveis em tal contexto".[16]

O aspecto que distingue a autodefesa não é nem a preexistência do ataque, que falta em várias de suas formas, nem a inexistência de um determinado procedimento, que em ocasiões intervém e até poderia ser igual ao processual. O importante é observar os seguintes requisitos: a) a ausência de juiz distinto das partes, b) a imposição da decisão por uma das partes à outra. Quer dizer, a autodefesa no sentido estrito é a réplica a um ataque precedente.

Portanto, *Alcalá Castillo* apresenta uma classificação da autodefesa: a) o exercício pessoal ou direto de um direito subjetivo, sem que seu titular haja sofrido prévio ataque; b) o exercício de faculdades atribuídas ao mando para fazer frente a situações de exceção; c) o exercício de uma potestade por um dos sujeitos em litígio; d) o combate entre partes enfrentadas, que utilizam a força e não a razão, para a solução de suas diferenças; e) a coação sobre a outra parte para lograr impor seus próprios interesses.[17]

Com relação ao reconhecimento pelo legislador, a autodefesa divide-se em: lícita ou autorizada (*v.g.*, legítima defesa), tolerada (como o duelo em alguns países) e proibida (com proibições específicas ou aquelas que castigam a usurpação ou ameaças e coações).[18]

Existem motivos que impedem o desaparecimento da autodefesa. "A julgar pela displicência com que os processualistas se ocupam dela

(15) *Op. cit.*, pp. 47-48.
(16) BELTRAN, Ari Possidonio. *A autotutela nas relações de trabalho,* cit., p. 25.
(17) *Op. cit.*, pp. 58-60.
(18) *Op. cit.*, pp. 60-61.

é possível crer que a autodefesa carece de razão de ser e que devemos considerá-la como um mal, em tanto algumas mais perfeitas organizações do Estado não permitem eliminá-la por completo ou reduzi-la a seus limites mínimos e inevitáveis. A realidade se distancia muito de corresponder com semelhante perspectiva, e a autodefesa somente desapareceria no dia em que Estado e Divindade se identificassem."[19]

No campo do direito laboral, a autodefesa encontra suas relevantes demonstrações, principalmente na defesa dos direitos coletivos. *Gino Giugni* afirma que a autotutela é um dos aspectos da liberdade sindical, que se caracteriza por ser a atividade direta de uma parte que exerce pressão sobre a outra, a ponto de induzir a outra parte fazer ou deixar de fazer algo.[20] No mesmo sentido, *Paloméque-Lopez* e *Álvarez de La Rosa* afirmam que a autotutela é um dos planos da autonomia coletiva, sendo a greve sua manifestação por parte dos trabalhadores, já que autotutela coletiva consiste no poder de defesa dos interesses do grupo por meio da ação direta.[21]

Como se pode observar, a autotutela é uma forma de solução de conflitos por meio do qual o próprio sujeito impõe unilateralmente seu interesse à parte contrária, e à respectiva comunidade. Não se pode deixar de ressaltar que os sistemas jurídicos, normalmente, repudiam as modalidades de exercício de coação. No entanto, no Direito Brasileiro se encontra prevista na legítima defesa (art. 188, I, Código Civil), no "esbulho" desvio possessório (art. 1.210, § 1º, CC) e na apreensão pessoal dos bens, embargo legal (art. 1.470, CC).

3.2. Autocomposição

A autocomposição pressupõe que o litigante tem a faculdade de disposição do direito material. Na definição da autocomposição, encontramos divergências na doutrina. Para uma parte, a autocomposição tem lugar quando a solução se alcança por ambas as partes envolvidas no conflito, sem a participação de terceiros. Já para os partidários desse entendimento, a autocomposição ocorre na desistência ou renúncia, no "allanamiento" e na transação. Para outros, o elemento de definição é o tipo de atuação dos terceiros, sendo autocompositiva as formas nas quais os terceiros participam da solução do conflito, mas sem poder de

---

(19) *Op. cit.*, p. 55.

(20) GIUGNI, Gino, *Derecho Sindical.* Trad. Eiko Lúcia Itioka. São Paulo: LTr, 1991, p. 57.

(21) PALOMÉQUE-LOPEZ, Manuel Carlos e DE LA ROSA, Manuel Álvarez. *Derecho del Trabajo.* Madrid: Ramón Areces, 2001, p. 317.

imposição às partes. Ampliando para o campo da autocomposição, a desistência ou renúncia, "allanamiento", a transação, a conciliação e a mediação.

Para os juristas, como *Carlos Alberto Câmara*(22) e *Geogenor Sousa Franco*,(23) a heterocomposição resulta da característica impositiva, por meio do qual uma terceira pessoa impõe sua decisão, como ocorre na arbitragem e na jurisdição, enquanto na autocomposição existe a sugestão dos terceiros, que não vincula as partes, sendo exemplos a conciliação e a mediação.

Montero Aroca observa que a autocomposição não implica por si na ausência de intervenção de um terceiro; este pode intervir nela, mas o determinante é que a solução se logra por obra das partes e não de ditos terceiros, os quais, no melhor dos casos, se limitam a propor uma solução, nunca a impor, quer dizer, não são *suprapartes*, mas *interpartes*.(24)

Portanto, a desistência ou renúncia, o "allanamiento" e a transação são formas genuínas de autocomposição. A desistência ou renúncia é um ato unilateral do autor, e não requer aquiescência do demandado, mas mantém o direito de impugnação em caso de vício. A desistência da pretensão e não do direito, nem do processo, segundo destaca *Alcalá-Zamora*.(25) O "allanamiento" é o reverso da desistência, sendo o reconhecimento e a submissão da parte atacada à pretensão litigiosa contra ela posta. A transação verifica-se quando as partes possuem dúvidas sobre a pretensão e fazem concessões mútuas.

No Direito do Trabalho, especialmente no âmbito do Direito Coletivo, encontramos na negociação coletiva o exemplo de modalidade de autocomposição. A conciliação e mediação podem se classificar como meios de autocomposição, segundo os juristas que entendem que para a heterocomposição, o terceiro tem que intervir na solução e impor condições às partes. Este é o entendimento mais moderno, com o qual concordamos totalmente.

3.3. Heterocomposição

A definição da heterocomposição também encontra divergências, pois a solução do conflito é obtida pela participação de terceiros.

---

(22) CARMONA, Carlos Alberto. *Arbitragem e Processo* — Um comentário a Lei n. 9.307. São Paulo: Malheiros, 1998, pp. 43-44.
(23) FRANCO FILHO, Geogenor de Sousa. *A arbitragem e os Conflitos Coletivos do Trabalho no Brasil.* São Paulo: LTr, 1998, pp. 28-30.
(24) MONTERO AROCA, Juan. *Introducción al Derecho Procesal.* Madrid: Civitas, 1979, p. 93.
(25) CASTILLO, Niceto Alcalá-Zamora. *Op. cit.*, p. 83.

Os juristas de entendimento diverso afirmam que a simples participação do terceiro caracteriza a heterocomposição, sendo exemplos: a jurisdição, arbitragem, conciliação e mediação.

A heterocomposição ocorre quando a solução do conflito se realiza pela imposição do terceiro com relação às partes. São exemplos de autocomposição: desistência, "allanamiento", transação, conciliação, mediação; e de heterocomposição: arbitragem e jurisdição.

José Chiovenda oferece o conceito de jurisdição nos termos seguintes: "a jurisdição consiste na atuação da lei mediante a substituição da atividade de órgãos públicos a atividade alheia, seja afirmando a existência de uma vontade da lei, seja pondo tal vontade posteriormente na prática".[26]

Finalmente, sustentam alguns que a intervenção do Estado é o aspecto determinante, sendo a conciliação, a mediação e a arbitragem exemplos de autocomposição, e a jurisdição exemplo de heterocomposição, em razão da participação ativa do Estado.

As Constituições brasileira (art. 5º, XXXV), espanhola (art. 24.1) e italiana (art. 24) estabelecem o direito de jurisdição, atribuindo a todos os cidadãos o direito de invocar o Poder Jurisdicional, em razão da lesão ou ameaça a qualquer direito. O tema terá grande repercussão, quando analisarmos o princípio da tutela efetiva em função da obrigatoriedade da submissão prévia à solução extrajudicial. Em tal momento, se verificará que a jurisdição não é um poder sem limites, que se compatibiliza, sem dúvida, com a solução extrajudicial, que significa um filtro socialmente aceitável e encontra harmonia com o direito de jurisdição.

Juan Montero Aroca destaca a importância da jurisdição como uma potestade da soberania do Estado, exercida exclusivamente pelos julgados e tribunais, integrados por juízes e magistrados independentes de realizar o direito no caso concreto, julgando de modo irrevogável e executando o julgado.[27]

---

(26) CHIOVENDA, José. *Principios de Derecho Procesal Civil.* Tomo I. Madrid: Reus, 2000, p. 377.

(27) AROCA, Juan Montero. *Derecho Jurisdiccional.* 10. ed. Valencia: Tirant lo Blanch, 2000, p. 40.

4. PROCEDIMENTOS EXTRAJUDICIAIS DE SOLUÇÃO DOS CONFLITOS DE TRABALHO

É usual a expressão soluções extrajudiciais dos conflitos trabalhistas. No entanto, na Espanha, iniciou um entendimento, através do qual alguns autores preferem a denominação de procedimentos autônomos ao se referir aos instrumentos que resolvem os conflitos que tem origem convencional.[(28)]

A doutrina classifica os métodos extrajudiciais em conciliação, mediação e arbitragem. "Característica comum a todos eles é a intervenção de um terceiro, que pode ser uma pessoa física ou um órgão colegiado, mais ou menos institucionalizado; se bem que as faculdades e as margens de decisão dessa pessoa variam consideravelmente de um caso ou outro, desde a simples presença até a solução direta do conflito (mediante um laudo arbitral), passando pelo assessoramento ou a proposta de soluções."[(29)] Não se pode deixar de destacar a similitude entre a conciliação e mediação, cuja "fronteira é tênue e movediça, que, em alguns sistemas (Alemanha, Inglaterra ou Bélgica), conciliação e mediação tendem a se confundir, se utilizando como atividades funcionalmente sinônimas".[(30)]

---

(28) RODRÍGUEZ FERNANDEZ, M. Luz. *Conciliación, mediación y arbitraje en España.* Madrid: Ministerio de Trabajo y Asuntos Sociales, 2003, p. 159: "O motivo desta preferência é que o qualificativo extrajudicial é muito reduzido em relação com o significado que têm estes procedimentos, pois unicamente tem em conta que se trata de procedimentos desenvolvidos a margem dos órgãos jurisdicionais e em relação, portanto, com conflitos que podem se resolver em sede judicial, quer dizer, os conflitos jurídicos. Em câmbio, com o qualificativo autônomos se quer indicar que se trata de procedimentos em que o protagonismo tem os próprios agentes sociais e não terceiros alheios ao conflito, em que são, assim pois, as próprias partes em conflitos as que gestionam sua solução sem o recurso ao poder judicial ou à Administração."

(29) MARTIN VALVERDE, Antonio; SAÑUDO GUTIÉRREZ, Férmin Rodrigues; GARCIA MÚRCIA, Joaquin. *Op. cit.*, p. 404.

(30) VALDÉS DAL-RÉ, Fernando. "Conciliación, Mediación y Arbitraje Laboral en los Países de la Unión Europea". *Informe de síntesis sobre conciliación, mediación y arbitraje en la EU.* Madrid: Ministerio de Trabajo y Asuntos Sociales, 2002, p. 52. "A conciliação e a mediação compartilham um elemento em comum: o terceiro não decide, e se diferenciam na capacidade do terceiro em propor ou não soluções. Se as funções deste terceiro se limitam a garantir um fluxo de informação entre as partes, contribuindo a esclarecer seus recíprocos argumentos, aproximar suas dispares posições ou a destacar as vantagens de uma solução negociada, a atividade desempenhada entra no âmbito da conciliação. Se esse terceiro, ao contrário, ademais desses cometidos, oferece às

As fontes de criação dos métodos extrajudiciais são as representações profissionais por meio da autonomia coletiva e do Estado, mediante o poder normativo. São dotadas de natureza pública, quando os órgãos integram a Administração Pública, quer dizer, os órgãos administrativos Servicio de Mediación, Arbitraje y Conciliación — SMAC, ou de natureza privada Servicio Interconfederal de Mediación y Arbitraje — SIMA, quando são criados pela negociação coletiva.

4.1. Conciliação

A conciliação é uma atividade por meio da qual as partes tentam solucionar um conflito, por meio de propostas que podem ser, ou não, aceitas pela parte contrária.(31)

Manuel Alonso García define a conciliação como: "sistema de substanciação de conflitos de trabalho (individuais ou coletivos), em virtude do qual as partes do mesmo, ante um terceiro que não propõe nem decide, contrastam suas respectivas pretensões, tratando de chegar a um acordo, que elimine a possível contenda judicial"(32). Entretanto, a intervenção do terceiro se limita a cingir as partes para que estas possam solucionar por si mesmas o conflito.

A conciliação classifica-se em voluntária ou obrigatória, mas não tem unanimidade na doutrina sobre a eficiência da conciliação como obrigatória ou voluntária. *Manuel Alonso García* afirma que a conciliação voluntária pode ser, como sistema, ineficaz; a conciliação obrigató-

---

partes em conflito propostas de solução, a atividade pode ser qualificada como mediadora." No mesmo sentido, VILLALÓN CRUZ, Jesús. *El Arbitraje Laboral en la Reforma Legislativa*. Valencia: Tirant lo Blanch, 1995, p. 31. "Em todos os casos se prevejam as três modalidades tradicionais de meios de solução, segundo a intensidade da intervenção do terceiro: a conciliação, a mediação e arbitragem. Em todo caso, e como costuma ser comum em todos os sistemas, apesar de que estes acordos "enterprofessional" costumam diferenciar entre conciliação e mediação, se concede notável flexibilidade em a intervenção de um e outro, de modo que na prática as diferenças entre estes dois sistemas são menores, quando não inexistentes. Por contra, a separação é más nítida e destacada de estas dos meios com respeito à arbitragem. Portanto, a diferença de natureza substancial clássica: a solução de um procedimento de conciliação e mediação vem condicionada sempre a que as partes logrem um pleno sobre a discrepância surgida sem que a vontade do terceiro possa se impor sobre o critério das partes, enquanto que na arbitragem são as mesmas partes as que delegam ao terceiro para que seja este quem imponha a solução. Conciliação e mediação se baseiam em um negócio jurídico de transação, entretanto que a arbitragem e se funda em um compromisso arbitral."

(31) MONTERO AROCA. *Comentarios a la Ley de Procedimiento Laboral*. Madrid: Civitas, 1993, p. 421.

(32) ALONSO GARCÍA, Manuel. *Derecho Procesal del Trabajo*. Tomo I, Conflictos Colectivos. Barcelona: Bosch, 1963, pp. 204-205.

ria supõe a necessidade de que as partes tentem, antes de recorrer a outros sistemas, se conciliarem.[33] *Roberta Tiscini*[34] afirma que: "O caráter obrigatório da tentativa de conciliação não agrega nenhuma garantia para seu êxito. A conciliação é uma das formas de solução do conflito e encontra fundamento na disponibilidade das partes de chegar a um acordo, que também pode resultar positivo sem a intervenção estatal. Ao contrário, a obrigatoriedade, como condição de *procedibilitá* da demanda judicial, se transforma em obstáculo à celeridade da definição do contencioso, e não havendo acordo, igualmente tem que estar sujeita à autoridade judicial".

A conciliação pode ser extrajudicial ou judicial, tendo em conta que se desenvolve ante órgãos jurisdicionais ou não jurisdicionais. No Brasil, a conciliação extrajudicial está prevista no art. 625 do texto consolidado, por meio da Lei n. 9.958/00 que criou as Comissões de Conciliação Prévia. A conciliação poderá ser judicial, ressaltando que no Processo do Trabalho Brasileiro se apresenta como obrigatório o intento de conciliação. No "rito ordinário" (procedimento ordinário), as tentativas conciliatórias ocorrem antes da apresentação da defesa (art. 847 da CLT) e a última antecede à prolação da sentença (art. 850 da CLT). No "rito sumaríssimo" poderá ocorrer em qualquer fase do processo, segundo o art. 852 da CLT. Na Espanha, a conciliação extrajudicial é obrigatória nos conflitos individuais (art. 63 LPL) e coletivos (art. 154 da LPL). Tal conciliação pode ser realizada perante órgãos administrativos Servicio de Mediación, Arbitraje y Conciliación — SMAC, ou junto aos órgãos criados pela negociação coletiva. A conciliação judicial é fase processual, segundo arts. 82 e 84 da LPL. Na Itália, a conciliação extrajudicial também é obrigatória nos conflitos individuais (art. 410 do CPC) e pode se desenvolver pela conciliação administrativa (art. 410 do CPC) ou sindical (art. 411 do CPC).

4.2. Mediação

Outro meio alternativo de solução dos conflitos laborais é a mediação, por meio da qual a busca de uma solução para o pleito entrega-se a um terceiro, que apresenta uma proposta ou uma recomendação, podendo uma ou outra ser aceita ou não pelas partes. "A mediação é o método de solução dos conflitos laborais, através do qual o mediador conta com maiores possibilidades de intervenção, com faculdade para

---

(33) *Op. cit.*, p. 209.

(34) TISCINI, Roberta. *Processo del Lavoro e Rapporto alle Dipendenze delle Amministrazioni Pubbliche, a cura di Gian Carlos Perone e Bruno Sassani.* Roma: Cedam, 1999, p. 25.

avaliar a opinião das partes, harmonizar suas controvérsias, oferecer saídas e propor soluções, que não seriam vinculantes."[35]

Com relação à mediação e à conciliação, existe uma fronteira muito tênue entre tais figuras dentro dos ordenamentos jurídicos. Na Espanha, o legislador contempla a mediação no art. 91 do ET, sendo considerada forte instrumento de pacificação dos conflitos de trabalho, com amparo no art. 37.2 da Constituição Espanhola. O legislador italiano não utiliza o vocábulo mediação, se limita a fixar as normas sobre a conciliação e a arbitragem. No Brasil, a mediação não se encontra adequadamente desenvolvida. No entanto, o Ministério Público do Trabalho vem efetuando a mediação, que em muitas ocasiões pode resultar no instrumento extrajudicial de resolução dos conflitos de interesses coletivos e difusos, que se denominam "Termo de Ajuste de Condutas ou Termo de Compromisso".[36] O "Termo de Ajuste de Condutas ou Termo de Compromisso" pode ocorrer no âmbito administrativo, quer dizer no procedimento prévio ao "inquérito civil" conduzido pelo Ministério Público do Trabalho, assim como na Ação Civil Pública.[37]

4.3. Arbitragem

Outro meio alternativo é a arbitragem, onde existe processo decisório, já que as partes concedem a um terceiro a solução do conflito, se comprometendo antecipadamente a aceitar o resultado, qualquer que seja. A arbitragem pode se dividir em facultativa ou obrigatória. A Recomendação n. 92 da Organização Internacional do Trabalho sugere a adoção da arbitragem facultativa ou voluntária.

A legislação espanhola contempla hipóteses de arbitragem obrigatória, com destaque para a Reforma Laboral de 1994, pela Lei n. 11/1994 representa o "fortalecimento da instituição arbitral, de forma destacada no âmbito do conflito individual-plural".[38] Vale ressaltar o caso

---

(35) MARTIN VALVERDE, Antonio; SAÑUDO GUTIÉRREZ, Férmin Rodrigues; GARCIA MÚRCIA, Joaquin. *Op. cit.*, p. 404.

(36) O Termo de Ajuste de Conduta ou Termo de Compromisso está previsto no art. 5º, § 6º, da Lei n. 7.347/85 e objeto da reforma introduzida pela Lei n. 9.958/00, no art. 876 da CLT.

(37) Os dados estatísticos demonstram que no ano de 2000, o Ministério Público do Trabalho Brasileiro, por meio da Procuradoria Regional do Trabalho celebrou 3643 "Termos de Ajustes de Conduta", no *Relatório do Exercício de 2000 — Ministério Público do Trabalho.*

(38) CASAS BAAMONDE, Maria Emília. "El arbitraje en la reforma de la legislación laboral". *Relaciones Laborales*, n. 13, jul. 1994, pp. 1 a 7, "O novo § 9º do art. 33 ET outorga ao Fundo de Garantia Salarial a consideração da parte 'na tramitação dos procedimentos arbitrais, a efeito de assumir as obrigações previstas no artigo'. —Artigo

de greve nos serviços públicos ou de reconhecida e inadiável necessidade, quer dizer, nos serviços essenciais à comunidade e às circunstâncias de especial gravidade, com prejuízo grave à economia nacional. O art. 10 DLTR possibilita ao Governo a adoção de medidas de intervenção adequadas, dentre elas, a arbitragem obrigatória. "Na disposição transitória sexta do ET, se encontra outra previsão de obrigatoriedade de arbitragem, com referência à discórdia das partes na negociação de um convênio para substituir uma "Ordenança Laboral". Ademais, a Reforma Laboral de 1994 implementou a arbitragem obrigatória para solucionar controvérsias relativas ao processo de eleição dos representantes dos trabalhadores (art. 76 ET). A impugnação do laudo arbitral segue um processo especial, que se desenvolve conforme disposto nos arts. 127 e seguintes da LPL.

No Brasil, a arbitragem não está imposta por lei, é voluntária, por meio de uma convenção (compromisso arbitral), onde as partes adotam a solução arbitral. O art. 114, § 2º, da Constituição Federal do Brasil estabelece que a arbitragem seja meio para solucionar os conflitos coletivos. Entretanto, existe séria controvérsia com relação à aceitação da arbitragem nos conflitos individuais, em função da exigência do art. 1º da Lei deArbitragem n. 9.307/96 de serem disponíveis os direitos, no qual se pretenda a aplicação do mecanismo. Algumas Leis, no âmbito do Direito doTrabalho Brasileiro, estabelecem que a aplicação da arbitragem, podendo ser citada a Lei n. 7.783/89 (Lei de Greve), no art. 3º, sobre a faculdade de começar a greve "depois da tentativa de negociação ou da verificação da impossibilidade do recurso na via arbitral". Outro exemplo é a Lei n. 8.369/93 que fixa normas sobre o trabalho portuário, determinando a arbitragem de ofertas finais.

Segundo temos destacado na introdução, existe uma grande diferença no campo da arbitragem entre Brasil e Espanha, pois o Brasil tem a Lei n. 9.307/96 com aplicação ainda controvertida no âmbito dos conflitos individuais do trabalho. Entretanto, na Espanha, o art. 2.2 da Lei n. 36/98 — Lei de Arbitragem Privada — exclui expressamente sua aplicação aos conflitos laborais. Vale destacar que, antes do advento da Lei n. 9.307/96, a arbitragem no Brasil tinha muitas dificuldades, pois o compromisso arbitral não possuía nenhum efeito c

---

65.3 'equiparando a subscrição de um compromisso arbitral, celebrado ao amparo de um Acordo Interprofessional (ou de um Convênio Coletivo dos art. 83, ET), o requerimento de conciliação — mediação a efeito da suspensão dos prazos de prescrição das ações'. 'A nova disp. adicional 7ª LPL, equipara às sentenças firmes, para todos os efeitos do Livro IV da presente Lei, dos laudos arbitrais igualmente firmes, ditados pelo órgão que possa se constituir mediante os acordos interprofissionais e os Convênios Coletivos a que se refere o art. 33 do Estatuto dos Trabalhadores'."

tampouco obrigava às partes. Ademais, o laudo arbitral dependia de homologação judicial.[39]

Na Itália, as reformas legislativas vêm procurando valorizar a arbitragem para a solução dos conflitos trabalhistas. Resume-se em dois tipos: a) "rituale", cujas controvérsias são decididas segundo as normas de direito e as regras previstas nos arts. 806 e subseqüentes do "Codice de Procedura Civile"; b) "irrituale", desenvolvida em função do acerto convencional, pelo qual as partes indicam as disposições aplicáveis (Lei n. 533/73, art. 5º e art. 412, terceiro e quarto). O intento obrigatório de conciliação deve sempre anteceder a arbitragem "irrituale".

(39) JACOB MORGADO, Isabele. *A Arbitragem nos Conflitos de Trabalho.* São Paulo: LTr, 1998, pp. 35-36. "A nova Lei de Arbitragem implantou um novo modelo de arbitragem, pois estabeleceu a autonomia da cláusula compromissória; equipara o laudo arbitral a sentença judicial com força obrigatória às partes e sem necessitar de homologação judicial; impugnação através de ação 'anulatória', com objeto restrito a vícios formais."

5. COMISSÕES DE CONCILIAÇÃO PRÉVIA E CONCILIAÇÃO EXTRAJUDICIAL — BRASIL

5.1. Evolução Legislativa

No presente capítulo, apreciamos, no Brasil, os mecanismos de soluções alternativas dos conflitos individuais do trabalho, com advento da Lei n. 9.958 de 12 de janeiro de 2000, a qual criou o Título VI-A referente ao art. 625-A a 625-H do texto consolidado, bem como alterou os arts. 876 e 877 também da CLT.

O elevado número de processos que tramitam na Justiça do Trabalho e a aspiração de promover uma jurisdição célere são preocupações que norteiam os estudiosos da matéria laboral há muito tempo.

Em 1907, ocorreu a criação dos Conselhos Permanentes de Conciliação e Arbitragem, instituídos pelo Decreto n. 1.637/07, sendo o embrião da Justiça do Trabalho. Posteriormente, foram criadas, em 1932, as Comissões Mistas de Conciliação, que visavam apreciar os dissídios coletivos, já que as Juntas de Conciliação e Julgamento examinavam os dissídios individuais (Decreto n. 22.132/32).

O incomparável jurista *Arnaldo Süssekind*[40] comenta que, em 1982, a Academia Nacional do Direito do Trabalho apresentou perante a Câmara dos Deputados o acolhimento de projetos, para criação de comissões paritárias de conciliação nas empresas com mais de cem empregados, como substitutivo do Projeto de Lei n. 2.219/80. Tal Ministro presidia a respectiva Comissão, que contava com a participação dos ilustres juristas *José Segadas Viana* e *Eugênio Roberto Haddock Lobo*.

Em 11 de setembro de 1992, foi remetido à apreciação o Projeto de Lei n. 3.118, que tramitou perante a Câmara dos Deputados, o qual propunha acréscimos ao texto consolidado, criando órgãos de conciliação. Tal projeto sugeria que nos locais em que fossem instalados os órgãos conciliatórios, as partes deviam submeter suas pretensões a eles de forma obrigatória, caracterizando-se como pressuposto proces-

---

(40) SÜSSEKIND, Arnaldo. "Comissões de Conciliação Prévia". *Revista Legislação do Trabalho.* São Paulo: LTr, ano 56, n. 2, fev. 92, pp. 165-166.

sual. O Projeto também propunha a força executiva das conciliações firmadas perante tal órgão e a interrupção da prescrição.[41] Ao analisar o Projeto de Lei n. 3.118-92, que pretendia instituir na Justiça do Trabalho os órgãos extrajudiciais de conciliação, a jurista *Ada Pellegrini Grinover* entendeu constitucional a exigência, pois cria uma legítima condição para o exercício do direito de ação.[42]

Em 1994, o então Ministro do Trabalho, *Marcelo Pimentel*, divulgou minuta de Projeto, instituindo as Comissões Paritárias de Conciliação e a obrigatoriedade de submissão dos trabalhadores à comissão e à facultatividade do instituto arbitral.

O texto atual da Lei n. 9.958/00 teve sua origem no Projeto n. 4.694/98 do próprio Tribunal Superior do Trabalho, elaborado por comissão integrada pelos Ministros *Vantuil Abdala, José Luciano Castilho Pereira* e *João Oreste Dalazen*. Tal Projeto tramitou quase dois anos dentro das câmaras legislativas até o advento da Lei n. 9.958/00. O Projeto original estabelecia a obrigatoriedade das Comissões de Conciliação Prévia nas empresas com mais de 50 empregados. No entanto, sofreu reformas e passou a ser exigida a instalação para empresas de número superior a 200 empregados. Por fim, o substitutivo votado em 21 de outubro de 1999 transformou em caráter facultativo a instalação das Comissões de Conciliação Prévia.

A Lei n. 9.958/00 surgiu dentro do cenário de preponderância da solução judicial dos conflitos individuais do trabalho, em decorrência do desprestígio das soluções extrajudiciais, diante dos custos da mediação e das controvérsias da aceitação da arbitragem para dirimir litígios individuais do trabalho, da unicidade sindical e do efeito liberatório concedido apenas nas quitações judiciais.

---

(41) Projeto de Lei n. 3.118/92 — "Art. 903. Onde tiverem sido credenciados, é pressuposto processual para a propositura de qualquer ação individual trabalhista a comprovação de ter sido submetido à tentativa de acordo perante o órgão de Conciliação, a relação das pretensões e a própria petição inicial."

(42) GRINOVER, Ada Pellegrini. *O processo em evolução*. Rio de Janeiro: Forense, 1993. pp. 94-96. Nenhuma inconstitucionalidade pode ser vislumbrada na instituição de uma tentativa obrigatória de conciliação prévia ao processo, nos termos em que foi proposta. É certo que a Constituição assegura a inafastablidade do controle jurisdicional no inc. XXXV do art. 5º, mas é igualmente certo que o exercício do direito de ação não é absoluto, sujeitando-se as condições (as condições da ação), a serem estabelecidas pelo legislador. Essas condições — desde que razoáveis, dentro do critério substancial das garantias do devido processo legal — são legítimas e se subsumem as categorias clássicas da possibilidade jurídica, da legitimação para a causa e do interesse de agir (art. 267, VI, CPC).

5.2. *Análise Específica — Lei n. 9.958/00 — Comissões de Conciliação Prévia (CCP)*

A doutrina conceitua a conciliação, como sendo a composição de direitos e obrigações entre os sujeitos da relação jurídica. A conciliação opera-se semelhante à negociação, com a diferença de que na conciliação a tentativa ocorre com a exortação de um terceiro, também conhecida como negociação assistida. Tal terceiro não tem o poder decisório final.

A conciliação poderá ser extrajudicial ou judicial. Contudo, até o advento da Lei n. 9.958/00, os acordos extrajudiciais não se submetiam à execução trabalhista, a qual era exclusivamente de sentenças com trânsito em julgado ou conciliações homologadas pelo Poder Judiciário, verificando-se que tal lei representa um grande avanço ao dar força executória às conciliações extrajudiciais realizadas perante as Comissões de Conciliação Prévia, mediante a nova redação do art. 876 da CLT.

Com relação à mediação/conciliação, existe uma fronteira muito tênue entre tais figuras dentro dos ordenamentos jurídicos, sendo que na Alemanha, na Inglaterra e na Bélgica são utilizadas como sinônimas. Existem argumentos em favor da mediação, pois tal figura encontra um papel intenso do terceiro. Nos países em que a conciliação e a mediação não se separam, a atividade da conciliação absorve a mediação, isto é, o conciliador exerce funções que materialmente equiparam-se ao mediador. Ademais, nos países em que uma e outra figura tendem a confundir-se, a mediação tem um valor integrador. O legislador italiano não utiliza o termo *mediazione*, mas apenas conciliação e arbitragem.

Outro meio alternativo é a arbitragem, onde existe processo decisório, já que as partes concedem a um ente independente a solução do litígio, comprometendo-se antecipadamente a aceitar o resultado, qualquer que seja este. O laudo arbitral, por sua vez, assume a eficácia de sentença, cuja efetividade foi alcançada por meio da Lei n. 9.307/96, a qual tornou desnecessária a homologação judicial do laudo arbitral, que passa a valer como título executivo extrajudicial. Diferencia-se, portanto, a arbitragem da transação, a qual pode ter por escopo prevenir litígios, enquanto a arbitragem surge como meio de solucionar aqueles já existentes.

A arbitragem pode dividir-se em facultativa ou obrigatória. É facultativa a arbitragem, por meio da qual as partes possuem ampla liberdade de optar pela via arbitral, sem qualquer imposição do Estado. Todavia, é facultativa quanto à submissão, mas não com relação à decisão que será sempre obrigatória.

No que se refere à obrigatoriedade da arbitragem, sua aceitação é discutível diante do princípio da jurisdição. Vale destacar que a Recomendação n. 92 da Organização Internacional do Trabalho sugere a adoção da arbitragem facultativa ou voluntária.

O sistema brasileiro adota a arbitragem facultativa ou voluntária, visto que a obrigatoriedade poderia afetar o princípio da jurisdição. Vale ressaltar a ampla aceitação da arbitragem em matéria de conflitos coletivos de trabalho, na forma do art. 114, § 2º da Constituição Federal, sendo, contudo, controvertida sua aplicabilidade aos conflitos individuais do trabalho, já que o próprio art. 1º da Lei n. 9.307/96 determina que a arbitragem se aplica a direitos patrimoniais disponíveis.

Dessa maneira, pode-se concluir que a *Comissão de Conciliação Prévia* é um organismo de conciliação extrajudicial de direito privado, a ser instituída facultativamente, mediante composição paritária, cuja finalidade é a solução dos conflitos individuais do trabalho. O instituto aproxima-se de certa forma do conceito de mediação, já que os representantes têm um papel ativo na conciliação, pois apresentam sugestões para o acordo.

5.2.1. Competência

As Comissões de Conciliação Prévia objetivam solucionar os conflitos individuais do trabalho (art. 625-A, *caput,* da CLT), tendo em vista que o art. 114, § 2º, da Carta Magna regulamentou o procedimento quanto aos conflitos coletivos de trabalho, exigindo a comprovação de nego-ciação prévia antes de ajuizar o Dissídio Coletivo.

Concordamos plenamente com *Otávio Brito Lopes,*[(43)] o qual entende que o texto da Lei n. 9.958/00, quando determina submissão à conciliação extrajudicial de qualquer demanda, comporta exceções, quais sejam: ações de natureza intersindical, previstas na Lei n. 8.984/95; ações de competência originária dos Tribunais Regionais do Trabalho como ações anulatórias, ações rescisórias, mandados de segurança, ações civis públicas, ações cautelares incidentais ou preparatórias e ações de pequenos empreiteiros de competência da Justiça do Tra-

---

(43) LOPES, Otávio Brito. *As Comissões de Conciliação Prévia.* São Paulo: Consulex, 2001, pp. 84-85.

balho, mas que não envolvem empregados e empregador (art. 652, *a*, III, da CLT).

5.2.2. Instituição e Espécies

O Projeto de Lei n. 4.964/98 previa a instalação obrigatória da comissão de empresas com mais de 50 empregados. Entretanto, o texto aprovado do *caput* do art. 625, *a*, da CLT, é claro no sentido de que as empresas e sindicatos podem instituir comissões de conciliação de composição paritária, mediante representantes dos empregados e dos empregadores, para efetivar tentativas de conciliar os conflitos individuais do trabalho.

Portanto, as Comissões de Conciliação Prévia não podem ser instituídas para solucionar conflitos coletivos do trabalho, visto que seu âmbito está restrito aos conflitos individuais.

O texto da Lei n. 9.958/2000, em seu art. 625-A da CLT, estabelece quatro tipos de comissões, a saber: a) comissão de empresa; b) comissão sindical; c) comissão de grupo de empresas; e d) comissão intersindical.

A comissão de empresa poderá ser criada em qualquer empresa, mediante o entendimento com o respectivo Sindicato de Trabalhadores, normatizado por Acordo Coletivo de Trabalho. O art. 625-B, incisos I a III, da CLT, trata da referida comissão instituída por empresa, traçando normas quanto ao número de membros que a integram, forma e tempo de investidura, previsão de membros suplentes, estabilidade provisória. Contudo, no que diz respeito à comissão instituída por Sindicato, a lei não estabelece os parâmetros, ficando sua constituição e normas de funcionamento a serem definidas em convenção ou acordo coletivo.

A comissão sindical poderá ser instalada no âmbito sindical de determinada categoria, com a participação da representação sindical patronal e de trabalhadores, mediante Convenção Coletiva do Trabalho.

A comissão intersindical poderá ser composta por sindicatos de categorias diversas, com a participação da representação sindical patronal e de trabalhadores, mediante Convenção Coletiva de Trabalho.

Os Núcleos têm sua composição de sindicatos de empregados e de empregadores, possuindo órgão deliberativo, executivo e de composição extrajudicial de conflitos de trabalho.

O art. 625-H da CLT determina que se aplicam aos Núcleos Intersindicais as disposições previstas no respectivo título das Comissões, observados os princípios da paridade e da negociação coletiva na sua constituição.

Os Núcleos Intersindicais nasceram em Patrocínio-MG, em 1994, com base na autonomia coletiva estabelecida no art. 7º, inciso XXVI, da Carta Magna. Portanto, os Núcleos antecedem à própria Lei n. 9.958/00.

Os Núcleos constituem-se uma instituição composta por integrantes dos sindicatos dos trabalhadores e dos empregadores de determinado setor da atividade econômica, os quais não possuem fins lucrativos e visam colocar em prática mecanismos de prevenção e de solução extrajudicial dos conflitos de trabalho.

5.2.3. Composição

As Comissões de Conciliação Prévia contém composição paritária, formada por representantes dos empregados e dos empregadores, visando conciliar os conflitos individuais do trabalho (art. 625-A da CLT).

O art. 625-B da Consolidação das Leis do Trabalho, estabelece que a comissão, no âmbito da empresa, será composta por um mínimo de 2 e um máximo de 10 membros, cuja escolha deverá ser feita observando que: metade de seus membros e respectivos suplentes, será eleita pelos empregados, em escrutínio secreto, sob a fiscalização do sindicato da categoria profissional, e a outra metade dos membros e respectivos suplentes será indicada pelo empregador. O mandato será de um ano, permitida uma recondução (art. 625-B, I a III da CLT).

Aspecto polêmico também se refere ao fato de que a Lei n. 9.958/2000 não define o início do período estabilitário, o que vem causando divergências. Sustentam alguns que a estabilidade do empregado opera-se desde o registro da candidatura, por analogia do art. 8º, inciso VIII, da Constituição Federal, e o art. 10, II, *a*, do Ato das Disposições Constitucionais Transitórias, referentes respectivamente à estabilidade dos dirigentes sindicais e dos cipeiros.

Com base na mesma fundamentação legal, argumentam que a estabilidade tem início com a eleição, pois, se a Lei n. 9.958/00 pretendesse conferir estabilidade temporária dos representantes dos empregados a partir da candidatura, teria feito de forma expressa, consoante arts. 8º, inciso VIII, da Constituição Federal e o art. 10, II, alínea *a* da ADCT.

Os representantes dos empregadores não gozam do direito de estabilidade provisória, pois são indicados pelo empregador, inexistindo a exigência do vínculo laboral. Contudo, os representantes dos trabalhadores devem ser empregados da empresa, sendo a garantia de emprego correlata ao respectivo contrato de trabalho. Tal garantia é necessária, a fim de que tais representantes possam desenvolver com total autonomia seus encargos junto à comissão. Merece destaque o fato de que as horas utilizadas pelo representante dos trabalhadores na comissão serão consideradas como horas de trabalho, conforme art. 625-B, § 2º da CLT.

No que tange às Comissões, criadas no âmbito do Sindicato, terão sua constituição e normas de funcionamento definidas em convenção ou acordo coletivo.

5.2.4. Obrigatoriedade *versus* Facultatividade — Controvérsias do Art. 625 da CLT

O projeto original da Lei n. 9.958/00 estabelecia a obrigatoriedade de instalação das CCP nas empresas com mais de 50 empregados e determinava que o não-atendimento à exigência de submissão prévia da demanda à conciliação extrajudicial acarretaria a extinção do processo sem julgamento do mérito.

O texto aprovado não contém a obrigatoriedade da instalação das CCP e desapareceu qualquer referência expressa às conseqüências derivadas da ausência de submissão à conciliação prévia, conforme se pode verificar da análise do *caput* do art. 625-D, da CLT. No entanto, o parágrafo primeiro do mesmo artigo determina que o empregado deve juntar à demanda a certidão de submissão à CCP. A redação confusa do texto legal, em função das várias alterações sofridas desde o primeiro projeto até a sua aprovação, é causa da grande divergência que norteia o tema.

Portanto, existem duas interpretações opostas: a primeira sustenta a inconstitucionalidade da submissão prévia da demanda à CCP em função do princípio de jurisdição (art. 5º, XXXV da Constituição Federal) e o princípio da legalidade (art. 5º, II CF); e a segunda argumenta a constitucionalidade de tal exigência, já que não existe o impedimento ao exercício da jurisdição. Existe outra discussão, pois aqueles que entendem que a exigência é constitucional divergem com relação ao enquadramento processual dela em pressuposto processual ou condição da ação. A divergência encontra destaque, inclusive nos entendimentos cristalizados do Tribunal Regional do Trabalho da 2ª Região — SP e Súmula n. 2 do Tribunal Regional do Trabalho 10ª Região— Brasília.[44]

(44) TRT-2ª Reg. — Resolução Administrativa n. 08/02, por meio da Súmula de jurisprudência do Tribunal: "Comissão de Conciliação Prévia.Extinção do Processo. O com-

Dois grandes blocos de alegações apoiam a tese de inconstitucionalidade do art. 625-D, da CLT. O primeiro argumento é ofensa ao prin-

---

parecimento perante a Comissão de Conciliação Prévia é uma faculdade assegurada ao Obreiro, objetivando a obtenção de um título executivo extrajudicial, conforme previsto pelo art. 625-E, parágrafo único da CLT, mas não constitui condição da ação, nem tampouco pressuposto processual na reclamatória trabalhista, diante do comando emergente do art. 5º, inciso XXXV, da Constituição Federal."
NÚMERO ÚNICO PROC: RR 662/2002-058-15-00 PUBLICAÇÃO: DJ 11.11.2005
PROC. N. TST-RR-662/2002-058-15-00.5 ACÓRDÃO 5ª TURMA GA/MEV
RECURSO DE REVISTA. OBRIGATORIEDADE DA SUBMISSÃO DA DEMANDA À COMISSÃO DE CONCILIAÇÃO PRÉVIA. A submissão da demanda à Comissão Prévia de Conciliação, estabelecida no art. 625-D, da CLT, é obrigatória e, assim, constitui pressuposto para a constituição e desenvolvimento válido e regular do processo. Recurso de Revista a que se nega provimento. Vistos, relatados e discutidos estes autos de Recurso de Revista n. TST-RR-662/2002-058-15-00.5, em que é Recorrente RILDO GONÇALVES DE AGUIAR e Recorrida CASE COMERCIAL E AGRÍCOLA SERTÃOZINHO LTDA. A Quarta Turma do Tribunal Regional do Trabalho da Décima Quinta Região, mediante o acórdão de fls. 569/571, decretou a extinção do processo, sem julgamento do mérito, nos termos do art. 267, VI, do CPC, por ausência de submissão da demanda à Comissão de Conciliação Prévia. Os embargos de declaração opostos pelo Reclamante (fls. 573/576), foram rejeitados pelo Tribunal Regional, nos termos da decisão de fls. 578/579. Inconformado, o Reclamante interpôs recurso de revista, com fundamento no art. 896, alíneas *a* e *c*, da CLT (fls. 581/597). Insurgiu-se contra o entendimento de ter natureza obrigatória a previsão de submissão da demanda à comissão de conciliação prévia estabelecida no art. 625-D da CLT. Indicou violação dos arts. 334, III, do CPC, 625-D e 764 e parágrafos da CLT, 5º, II e XXXV e 114 da Constituição Federal. Transcreveu arestos para confronto de teses. O recurso foi admitido pela decisão de fls. 601. O Reclamante não apresentou contra-razões, conforme certidão de fls. 603. Os autos não foram remetidos ao Ministério Público do Trabalho para emissão de parecer, em virtude do previsto no art. 82 do Regimento Interno deste Tribunal. É o relatório.
VOTO
1.CONHECIMENTO OBRIGATORIEDADE DA SUBMISSÃO DA DEMANDA À COMISSÃO DE CONCILIAÇÃO PRÉVIA. ART. 625-D DA CLT. A Corte Regional decretou a extinção do processo, sem julgamento do mérito, nos termos do art. 267, VI, do CPC, por ausência de submissão da demanda à Comissão de Conciliação Prévia. Registrou na decisão recorrida que o Reclamante impugnara a validade da Comissão de Conciliação Prévia instalada no âmbito da Reclamada, trazendo ao processo os documentos de fls. 471/477, mas a Reclamada não se manifestara a respeito no prazo assinalado. Asseverou que, apesar disso, em 13.4.2002, nos termos dos documentos de fls. 143/144, foi instituída nova Comissão de Conciliação Prévia, em razão da primeira Comissão ter sido dissolvida, não tendo o Reclamante se manifestado a respeito da implantação dessa segunda Comissão, motivo pelo qual se deduz o seu regular funcionamento. Assinalou, de outra parte, que o Reclamante não logrou comprovar que trabalhara apenas em Terra Roxa, tendo em vista que as testemunhas indicadas, em depoimento pessoal, afirmaram o labor em várias cidades. Adotou, por fim, o entendimento de que a disposição contida no art. 625-D tem natureza obrigatória, manifestando-se nos seguintes termos: "Assim, tem-se que o reclamante deveria ter submetido a demanda trabalhista perante a Comissão de Conciliação Prévia instituída no âmbito da empresa reclamada. Dessa forma, de acordo com o art. 625-D, § 3º, da CLT, é condição da ação, submeter seus interesses à Comissão ou indicar, na exordial, o motivo relevante de não fazê-lo. Inobservado tal requisito, falta interesse de agir por parte do obreiro, pelo que, deve ser extinta a ação sem julgamento do mérito, nos termos do art. 267, VI, do CPC. Frise-se que não se trata de excluir da apreciação do

cípio da legalidade (art. 5º, II, CF), já que o texto legal não fixa nenhuma penalidade expressa no caso de não-atendimento da exigência de

---

Poder Judiciário lesão a direito, de vez que a aplicação da Lei n. 9.958/00 não obsta a interposição da ação por parte do legitimado, mas, diferentemente, condiciona o exercício do direito de ação, estabelecendo mais um pressuposto de admissibilidade, o que, de maneira nenhuma, significa afronta à Constituição Federal, que consagra o princípio do devido processo legal" (fls. 571).

Sustenta o Reclamante, nas razões recursais, que a Corte Regional incorreu na violação do art. 334, III, do CPC quando, ao afirmar que ele não comprovou ter laborado exclusivamente em Terra Roxa, haja vista o depoimento das testemunhas, "fez ressuscitar matéria incontroversa nos autos" (fls. 584). Alega ser fato incontroverso sempre ter residido e trabalhado em Terra Roxa e não, na sede da empresa localizada em Sertãozinho, razão pela qual na decisão regional se viola também o art. 625-D da CLT, em que se estabelece a submissão da demanda à Comissão de Conciliação Prévia se, "na localidade da prestação dos serviços, houver sido instituída a Comissão no âmbito da empresa ou do sindicato da categoria" (fls. 586). Aduz que outro fato incontroverso é a impugnação da validade da Comissão de Conciliação Prévia instalada no âmbito da Reclamada, conforme os documentos de fls. 471/477, sem que ela se tenha manifestado a respeito no prazo assinalado. Adota, ainda, o entendimento de não ter natureza obrigatória a previsão de submissão da demanda à comissão de conciliação prévia estabelecida no art. 625-D da CLT. Indica violação dos arts. 764 e parágrafos da CLT, 5º, II e XXXV e 114 da Constituição Federal. Transcreve arestos para confronto de teses. Na decisão regional não se violam os arts. 334, III, do CPC e 625-D da CLT. A Corte Regional não reconhece no acórdão recorrido ser fato incontroverso ter o Reclamante residido e trabalhado em Terra Roxa e não, na sede da empresa localizada em Sertãozinho; ao contrário, quando afirma que ele não comprovou ter laborado exclusivamente em Terra Roxa, haja vista o depoimento das testemunhas, considera fato não provado e, portanto, controverso. Ademais, a circunstância de ter havido impugnação quanto à validade da primeira Comissão de Conciliação Prévia instalada no âmbito da Reclamada, não tem relevância no caso concreto, haja vista ter assinalado o Tribunal Regional a instituição de nova Comissão de Conciliação Prévia, em razão da primeira Comissão ter sido dissolvida, não tendo o Reclamante se manifestado a respeito da implantação dessa segunda Comissão, deduzindo o seu regular funcionamento. De outra parte, a Corte Regional não examinou a questão à luz do disposto nos arts. 764 e parágrafos da CLT, e 114 da Constituição Federal. Incidência da orientação expressa na Súmula n. 297 desta Corte. Todavia, no julgado apresentado a fls. 587, contrapondo-se à decisão recorrida e corroborando a tese sustentada pelo Reclamante, consta, respectivamente, o entendimento no sentido de que a submissão prévia da demanda à Comissão de Conciliação Prévia não é "pressuposto da ação", mas faculdade da parte. Conheço do recurso, por divergência jurisprudencial.

2. MÉRITO

OBRIGATORIEDADE DA SUBMISSÃO DA DEMANDA À COMISSÃO DE CONCILIAÇÃO PRÉVIA. ART. 625-D DA CLT. Em que pese a fundamentação expendida pelo Reclamante, não merece reforma a decisão recorrida. Com a edição da Lei n. 9.958/2000, foram instituídas as Comissões de Conciliação Prévia, nos termos das disposições inseridas na CLT, arts. 625-A e seguintes. A disposição contida no art. 625-D é bastante clara no sentido da obrigatoriedade de submissão da demanda à Comissão de Conciliação Prévia, na localidade de prestação dos serviços em que tiver sido instituída tal Comissão. Portanto, o cumprimento de tal disposição constitui requisito para o ajuizamento da ação trabalhista e, assim, constitui pressuposto de constituição e de desenvolvimento válido e regular do processo, implicando o seu descumprimento na extinção do processo, sem julgamento do mérito, na forma prevista no art. 267, IV, do CPC.

Nesse sentido, está firmada a jurisprudência desta Corte, conforme se constata, entre outros, nos seguintes julgados.

"RECURSO DE REVISTA. OBRIGATORIEDADE DE SUBMISSÃO DA DEMANDA À COMISSÃO DE CONCILIAÇÃO PRÉVIA. ART. 625-D DA CLT. EXTINÇÃO DO PROCESSO, SEM JULGAMENTO DO MÉRITO. O art. 625-D da CLT, que prevê a submissão de qualquer demanda trabalhista às Comissões de Conciliação Prévia, antes do ajuizamento da reclamação trabalhista, constitui pressuposto processual negativo da ação laboral (a dicção do preceito legal é imperativa será submetida e não facultativa poderá ser submetida). Nesse contexto, deve ser mantida a decisão proferida pela instância ordinária que extinguiu o processo, sem julgamento do mérito, por não ter sido submetida a demanda à Comissão de Conciliação Prévia, mesmo diante da suspensão do presente processo para tal fim. Outrossim, não atenta contra os princípios da legalidade, de acesso ao Judiciário, de direito adquirido e de ato jurídico perfeito, garantidos pelo art. 5º, II, XXXV e XXXVI, da Constituição Federal, uma vez que a passagem pela Comissão de Conciliação Prévia é curta (CLT, art. 625-F), de apenas 10 dias, restando ilesos, ademais, os arts. 846 e 850 da CLT, 114 da Constituição Federal e 267, VI, do CPC, mormente diante da suspensão do processo para que o Reclamante submetesse o litígio à CCP, conforme registrou o Regional. Recurso de revista parcialmente conhecido e desprovido" (RR- 1182/2001-025-04-00.0, Rel. Min. Ives Gandra Martins Filho, 4ª Turma, decisão unânime, DJ 11.2.2005).

"AUSÊNCIA DE SUBMISSÃO DA DEMANDA À COMISSÃO DE CONCILIAÇÃO PRÉVIA EXTINÇÃO DO PROCESSO SEM JULGAMENTO DE MÉRITO — FALTA DE PRESSUPOSTO PROCESSUAL — VIOLAÇÃO DO ART. 625-D DA CLT. A submissão da demanda à Comissão de Conciliação Prévia não constitui mera faculdade da parte reclamante. Trata-se de imposição da Lei n. 9.958/2000, que incluiu o art. 625-D na Consolidação das Leis do Trabalho, dispondo que a submissão da demanda à referida comissão representa verdadeiro pressuposto de constituição e desenvolvimento válido e regular do processo. Recurso de Revista conhecido e provido" (RR-54323/2002-902-02-00.9, Rel. Min. Maria Cristina Irigoyen Peduzzi, 3ª Turma, decisão unânime, DJ 10.12.2004) Nesse contexto, incólumes os arts. 5º, II e XXXV, da Constituição Federal. Diante do exposto, nego provimento ao recurso de revista. ISTO POSTO

ACORDAM os Ministros da Quinta Turma do Tribunal Superior do Trabalho, à unanimidade, conhecer do recurso de revista, por divergência jurisprudencial, e, no mérito, negar-lhe provimento. Brasília, 19 de outubro de 2005. GELSON DEAZEVEDO

Ministro-Relator

EMENTA

RECURSO DE REVISTA. OBRIGATORIEDADE DA SUBMISSÃO DA DEMANDA À COMISSÃO DE CONCILIAÇÃO PRÉVIA. A submissão da demanda à Comissão Prévia de Conciliação, estabelecida no art. 625-D, da CLT, é obrigatória e, assim, constitui pressuposto para a constituição e desenvolvimento válido e regular do processo. Recurso de revista a que se nega provimento.

Acórdão Inteiro Teor

NÚMERO ÚNICO PROC: RR - 75517/2003-900-02-00 PUBLICAÇÃO: DJ 11.11.2005

PROC. N. TST-RR-75517/2003-900-02-00.6 ACÓRDÃO 1ª Turma

COMISSÃO DE CONCILIAÇÃO PRÉVIA. DEMANDA TRABALHISTA. SUBMISSÃO. OBRIGATORIEDADE. CARÊNCIA DE AÇÃO. 1. A Lei n. 9.958/00 introduziu na CLT o art. 625-D, que elevou a submissão de demanda trabalhista às Comissões de Conciliação Prévia como condição necessária para o ajuizamento de ação trabalhista. 2. Assim, a ausência de provocação da Comissão de Conciliação existente, anteriormente à propositura da reclamatória, enseja a extinção do processo sem julgamento do mérito. 3. Recurso de revista conhecido e provido. Vistos, relatados e discutidos estes autos de Recurso de Revista n. TST-RR-75517/2003-900-02-00.6, em que é Recorrente R. DUPRAT R. S.A. e Recorrida MARIA APARECIDA SANCHES AGUILERA.

Irresignada com o v. acórdão proferido pelo Eg. Regional (fls. 260/265), interpôs recurso de revista a Reclamada R. Duprat R. S.A.(fls. 275/280). O Eg. Tribunal *a quo*, ao julgar o recurso ordinário interposto pela Reclamada R. DUPRAT R. S.A., assim se posicionou: deu-lhe provimento parcial para excluir da condenação as diferenças fundiárias. Interpostos embargos de declaração (fls. 267/269), o Eg. Regional negou-lhes provimento (fls. 271/273). Insiste agora a Reclamada R. DUPRAT R. S.A. no acolhimento do recurso de revista quanto ao seguinte tema: preliminar — carência de ação – comissões de conciliação prévia demanda trabalhista submissão — obrigatoriedade; preliminar nulidade negativa de prestação jurisdicional; responsabilidade solidária limites. Admitido o recurso de revista (fl. 283), não foram apresentadas contra-razões.
É o relatório
1. CONHECIMENTO
Satisfeitos os pressupostos comuns de admissibilidade, examino os específicos do recurso de revista. 1.1.PRELIMINAR. CARÊNCIA DE AÇÃO. COMISSÃO DE CONCILIAÇÃO PRÉVIA. DEMANDA TRABALHISTA. SUBMISSÃO. OBRIGATORIEDADE O Eg. Tribunal Regional, ao apreciar a matéria, manifestou-se nos seguintes termos: "Essa indigitada obrigatoriedade de submeterem-se as partes aos ditames da criada Comissão de Conciliação Prévia, sob pena de tornar-se impeditivo o acesso ao Poder Judiciário, não prospera. Na verdade, o artigo 625-D da CLT não prevê a obrigação do trabalhador de submeter-se a essa Comissão, nem proíbe, expressamente, o imediato ajuizamento da ação perante a Justiça doTrabalho. Portanto, irrelevantes os argumentos quanto à carência da ação pela evasão à Comissão de Conciliação Prévia. Essa passagem não é um dos pressupostos ou uma de suas condições porque a Lei n. 9.958 de 12.01.2000 não prevê sanção alguma. Recurso a que se nega provimento." (fls. 261/262) Nas razões do recurso de revista, a Reclamada sustenta a constitucionalidade do artigo 625-A e seguintes da CLT, entendendo que a não submissão da demanda às comissões de conciliação prévia constitui pressuposto para o exercício do direito de ação. Transcreve arestos para o confronto de teses.
Verifico que o aresto de fl. 279 viabiliza o conhecimento do recurso, por divergência jurisprudencial, porquanto sustenta a tese de que "da disposição contida no art. 625-D, resta evidente a vontade do legislador em determinar que havendo Comissão de Conciliação Prévia em funcionamento na localidade do conflito, qualquer demanda de natureza trabalhista será levada à Justiça doTrabalho somente depois de submetida à respectiva Comissão, juntando à petição inicial a certidão de conciliação frustrada, pressuposto este que não importa em óbice ao direito de ação, uma vez que ao legislador infraconstitucional está reservada a competência para instituir pressupostos processuais, desde que os mesmos (sic) não impeçam o exercício do direito de ação." Conheço do recurso, por divergência jurisprudencial. 1.2. PRELIMINAR. NULIDADE. NEGATIVA DE PRESTAÇÃO JURISDICIONAL E RESPONSABILIDADE SOLIDÁRIA LIMITES. Prejudicado o exame dos tópicos em epígrafe, tendo em vista a decisão a ser proferida no mérito.
2. MÉRITO DO RECURSO
2.1. PRELIMINAR. CARÊNCIA DE AÇÃO. COMISSÃO DE CONCILIAÇÃO PRÉVIA. SUBMISSÃO. OBRIGATORIEDADE. Em primeiro lugar, é certo que a Constituição assegura a inafastabilidade do controle jurisdicional no inciso XXXV do artigo 5º, mas é igualmente certo que o exercício do direito da ação não é absoluto, sujeitando-se a condições (as condições da ação) a serem estabelecidas pelo legislador. Essas condições desde que razoáveis, dentro do critério substancial das garantias do devido processo legal são legítimas às categorias clássicas da possibilidade jurídica, da legitimação para a causa e do interesse de agir (art. 267, VI, CPC).
Ora, é exatamente na categoria do interesse de agir que se inserem as técnicas pelas quais o legislador pode exigir, para o ajuizamento da ação, o esgotamento prévio das vias administrativas, desde que o faça em termos razoáveis. Visto o interesse de agir

por seus indicadores fundamentais a necessidade de tutela jurisdicional e sua utilidade (ou adequação), não haverá necessidade de recorrer às vias jurisdicionais enquanto caminhos alternativos forem ainda capazes de levar à solução espontânea do conflito de interesse: o que se faz, no nosso caso, pela tentativa de conciliação e arbitragem. A razoabilidade do prazo (no caso em tela, de apenas trinta dias) é igualmente evidente. Por isso é que inúmeros exemplos existem, no ordenamento brasileiro, de exigência de prévia exaustão das vias administrativas que doutrina e jurisprudência consideraram e consideram constitucionais. O Supremo Tribunal Superior Federal já havia consolidado sua jurisprudência, afirmando a constitucionalidade do artigo 223 do Estatuto dos Funcionários Públicos da União (Dec.-lei n. 1.713, de 28.10.39), que determinava que o funcionário só poderia invocar o Poder Judiciário após esgotados todos os recursos da esfera administrativa. Com a Constituição de 1946, argüiu-se a inconstitucionalidade do disposto, em face do princípio da proteção judiciária (art. 141, § 4º). Contudo, a Suprema Corte não se distanciou de seu entendimento, afirmando que não há exclusão da apreciação judicial, apenas a necessidade de prévio uso dos recursos administrativos em consonância, aliás, com a linha também tranqüila no direito comparado. A mesma postura foi seguida pelo Supremo Tribunal Federal quanto à exaustão dos recursos administrativos em matéria de infortunística, estabelecida pelo Dec.-lei n. 893, de 26.9.69, que alterou o artigo 15 da Lei n. 5.316, de 14,9.67. Mais tarde, a orientação foi posta de lado, mas somente por ser considerada irrazoável, uma vez que a Previdência Social não se havia aparelhado efetivamente para atender às pretensões administrativas de milhares de trabalhadores. Finalmente, ainda a título exemplificativo, bastará lembrar a Lei do Mandado de Segurança (art. 5º, I, da Lei n. 1.533, de 31.12.51), que veda a impetração contra ato de que caiba recurso administrativo, com efeito suspensivo, independentemente de caução. Aqui também é considerada constitucional a exigência, porque o ato a ser impugnado perante o Judiciário ainda não atingiu operatividade ou exeqüibilidade, vindo a faltar o interesse de agir. Dentro da mesma linha, entende-se que se a conduta for de natureza omissiva, podendo ocasionar gravame imediato, a via do Mandado de Segurança fica aberta desde logo. Em conclusão, fica claro que ao legislador ordinário é dado regulamentar o exercício do direito de ação, submetendo-o a condições de exercício, sempre que com isso não fique mutilada ou aniquilada a garantia constitucional. Assim, inspirada nas tendências mais atuais de valorização dos meios alternativos de solução de conflitos, que têm marcado a bem sucedida inovação no processo cível das pequenas causas, reconhecido por todos como passo significativo rumo à modernidade do direito brasileiro, a Lei n. 9.958/00 reputa condição para o ajuizamento das demandas trabalhistas a submissão prévia às Comissões de Conciliação Prévia. Ora, no caso concreto, a exigência da tentativa prévia de conciliação está limitada no tempo ao prazo de dez dias, concedido ao órgão conciliador para a realização da sessão de tentativa de conciliação a partir da provocação do interessado (art. 625-F). Trata-se de um prazo muito menor do que o aceito normalmente pela jurisprudência, sendo a espera de dez dias perfeitamente razoável e nada mais constituindo senão a indicação de um caminho a ser tentado para o atendimento voluntário da pretensão, que em muito beneficiará o trabalhador e a Justiça como um todo. Concluo, assim, que há perfeita compatibilidade da obrigatoriedade de submissão das demandas às Comissões de Conciliação Prévia com o texto constitucional, mais uma vez realçando a importância social de uma tentativa séria de conciliação extrajudicial, como a pretendida pela Lei n. 9.958/00. Nesse sentido já se manifestou esta Eg. Corte Regional, conforme se observa nos seguintes precedentes:

"OBRIGATORIEDADE DE SUBMISSÃO DA DEMANDA À COMISSÃO DE CONCILIAÇÃO PRÉVIA. ART. 625-D DA CLT. EXTINÇÃO DO PROCESSO, SEM JULGAMENTO DO MÉRITO. Não tendo sido declarada a inconstitucionalidade da Lei n. 9.958/00, suas disposições continuam vigentes. Assim, sendo obrigatório o procedimento instituído pela disposição do art. 625-D da CLT e não tendo sido submetida

submissão prévia à CCP.[45] O segundo motivo é a vulneração ao princípio da jurisdição (art. 5º, XXXV CF), pois a CF proíbe todo obstáculo

---

a demanda à Comissão de Conciliação Prévia, impossível se torna sua apreciação originária pela Justiça do Trabalho. Recurso conhecido e não provido." (TST-RR-733/2001-021-15-00.2, 4ª Turma, Relator Ministro Ives Gandra Martins Filho, DJ 11.6.2004) "COMISSÃO DE CONCILIAÇÃO PRÉVIA EXISTÊNCIA NO ÂMBITO DA EMPRESA OU DO SINDICATO OBRIGATORIEDADE DA TENTATIVA DE CONCILIAÇÃO ANTES DE AJUIZAR DEMANDA ART. 625-D DA CLT PRESSUPOSTO PROCESSUAL PRINCÍPIO DA INAFASTABILIDADE DA JURISDIÇÃO (ART. 5º, XXXV) EXTINÇÃO DO PROCESSO, SEM JULGAMENTO DO MÉRITO. Na forma do art. 625-D e seus parágrafos, é obrigatória a fase prévia de conciliação, constituindo-se em pressuposto para desenvolvimento válido e regular do processo. Historicamente a conciliação é fim institucional e primeiro da Justiça do Trabalho e, dentro do espírito do art. 114 da Constituição Federal, está a extensão dessa fase pré-processual delegada a entidades paraestatais. O acesso ao Judiciário não está impedido ou obstaculizado com a atuação da Comissão Prévia de Conciliação, porque objetivamente o prazo de 10 dias para realização da tentativa de conciliação não se mostra concretamente como empecilho ao processo judicial, máxime quando a parte tem a seu favor motivo relevante para não se enquadrar na regra. Revista conhecida, mas não provida." (TST-RR-58.279/2002-900-04-00.2, Relatora Juíza Convocada Terezinha Célia Kineipp Oliveira, 3ª Turma, DJ 22.11.02) Ante o alinhado, dou provimento ao recurso para extinguir o processo, sem julgamento do mérito.
ISTO POSTO
ACORDAM os Ministros da Primeira Turma do Tribunal Superior do Trabalho, unanimemente, conhecer do recurso quanto ao tema "comissão de conciliação prévia submissão obrigatoriedade", por divergência jurisprudencial, e, no mérito, por maioria, dar-lhe provimento para extinguir o processo, sem julgamento de mérito, vencido o Exmo. Ministro Lelio Bentes Corrêa. Brasília, 26 de outubro de 2005. JOÃO ORESTE DALAZEN — Ministro Relator
EMENTA
COMISSÃO DE CONCILIAÇÃO PRÉVIA. DEMANDA TRABALHISTA. SUBMISSÃO. OBRIGATORIEDADE. CARÊNCIA DE AÇÃO. 1. A Lei n. 9.958/00 introduziu na CLT o art. 625-D, que elevou a submissão de demanda trabalhista às Comissões de Conciliação Prévia como condição necessária para o ajuizamento de ação trabalhista. 2. Assim, a ausência de provocação da Comissão de Conciliação existente, anteriormente à propositura da reclamatória, enseja a extinção do processo sem julgamento do mérito. 3. Recurso de revista conhecido e provido."
TRT-10ª Reg. "Comissão de Conciliação Prévia — Pressuposto Processual — Inobservância-Submeter a demanda à CCP é pressuposto processual trabalhista (art. 625-D-da CLT). Por ser matéria de ordem pública, deve ser apreciada de ofício, em qualquer tempo e grau de jurisdição."
(45) MAIOR, Jorge Luiz Souto. "Legislação do Trabalho". *Suplemento trabalhista.* São Paulo: LTr, 2000, n. 33, p. 165. "Não se poderá entender que 'a declaração de tentativa de conciliação, mencionada no § 2º do art. 625, *d*, seja um documento indispensável à propositura da ação trabalhista, motivando a extinção do feito, sem julgamento do mérito, sem sua apresentação com a petição inicial, já que esta pena não está prevista na lei e trata-se de princípio hermenêutico a noção de que as regras de restrição de direitos não se interpretam ampliativamente, além do que 'ninguém será obrigado a fazer ou deixar de fazer alguma coisa senão em virtude de lei' (inciso II, art. 5º, da CF). Do mesmo entendimento, MALLET, Estêvão. *Primeiras Linhas sobre as Comissões de Conciliação.* São Paulo: LTr, 2000, pp. 444-445. "Não está na Lei n. 9.958/00 a afirmação de que a falta de tentativa prévia da conciliação faz com que o demandante seja

ao acesso direto ao Poder Judicial, sem instituir uma jurisdição condicionada.[46] Permanece iminente de julgamento pelo Supremo Tribunal Federal, desde o ano 2000, "Ações Diretas de Inconstitucionalidade"[47]. A demanda sustenta a inconstitucionalidade do art. 625-D, da CLT, pois a CF não impede a apreciação pelo Poder Judicial de qualquer lesão ou

---

considerado carecedor da ação, observa que tem significado a circunstância de que não se converteu em lei o preceito do projeto original que, de forma expressa, fixava a conseqüente extinção do processo."
Sentença n. 20010242630 — Proc. 20010185407 6ª T., j. 15.5.01, Rel. Rafael E. Pugliese Ribeiro. TRT-SP 2ª Reg. "Comissão de Conciliação. O credor não é obrigado a se conciliar com o devedor, nem é obrigado a se dispor a negociar (CF, art. 5º, II). O não comparecimento à sessão de conciliação prévia não gera qualquer penalidade; se a presença é uma faculdade. Portanto, a apresentação da demanda perante a Comissão não pode corresponder a uma obrigatoriedade."
Sentença n. 20030139192 -Proc. R001/17056 2ª T., Rel. Maria de Fátima Zanetti Barbosa e Santos. TRT 2ª Reg. SP, 27.3.03 "COMISSÃO DE CONCILIAÇÃO PRÉVIA— OBRIGATORIEDADE. Não existe nenhuma determinação legal no sentido de que seja obrigatória a sujeição de pendências jurídicas às comissões de conciliação prévia".
Sentença —Acórdão n. 1.7691/2001— Proc. RO 1840/2001-TRT 9ª Reg. PR, Rel. Luiz Celso Napp. "Comete erro de procedimento o Juiz que determina a extinção processo sem julgamento do mérito (art. 267, IV, do CPC), de ofício, por dois fundamentos: a submissão da demandante à CCP é facultativa, já que a Lei n. 9.958/00 não criou novo pressuposto processual; de outro lado, sendo matéria de defesa deveria ser alegada na contestação, sendo proibida a apreciação por Juiz de ofício. Se determina o retorno do processo ao Juízo de origem para regularizar o processamento da demanda."
Sentença n. 10.978. Proc. RO 034456/2001. TRT 12ª Reg. SC, Rel Gerson P. Taboada Conrado. "A ausência de comparecimento à CCP. A norma prevista no art. 625-d da CLT, por restringir, ou, condicionar o direito de ação, deveria conter em si uma cominação expressa para o caso de não observância. Não existe previsão em tal sentido, tampouco que seria impossível juridicamente apresentar a demanda perante a esfera Judicial sem provocar a CCP, já que não foi verificada nenhuma das hipóteses estabelecidas no art. 267 do CPC, não se pode extinguir o processo sem julgamento do mérito."

(46) FERRAZ, Sérgio. *Mandado de Segurança (individual e coletivo), aspectos polêmicos*. 2. ed. São Paulo: Malheiros, 1993, pp. 69-70. O preceito constitucional do art. 5º, inciso XXXV da CF não admite qualquer tipo de impedimento ao acesso direto e imediato ao Poder Judicial. O texto não repetiu a redação do art. 153, § 4º, da CF anterior, com a cláusula acrescentada pela Emenda Constitucional n. 7, 13.4.77. "A lei não poderá excluir da apreciação do Poder Judicial qualquer lesão ao direito individual. O ingresso em juízo poderá ser condicional ao prévio exaurimento da via administrativa, desde que não seja exigida garantia de instância e tampouco seja extrapolado o prazo de 180 (cento e oitenta) dias para a decisão sobre a petição". No mesmo sentido, NERY JÚNIOR, Nélson. *Princípios do processo civil na Constituição Federal*. 5. ed. São Paulo: RT, 1999, pp. 99-100: "A CF de 1988 não repetiu a ressalva contida no texto revogado, não mais permite, no sistema constitucional brasileiro, a denominada jurisdição condicionada ou instância administrativa de curso forçado, sendo que o art. 217, § 1º, da CF, apenas quanto às ações referentes à disciplina e as competições esportistas seja exigido, na forma da Lei, o esgotamento das instâncias denominadas 'justiça desportiva'."

(47) As Ações "Diretas de Inconstitucionalidade" foram apresentadas pelos partidos PC do B, PSB, PT, PDT e pela Confederação Nacional dos Trabalhadores do Comércio — CNTC.

ameaça do direito (art. 5º, inciso XXXV da CF). O Tribunal Regional do Trabalho de São Paulo firmou entendimento nesse sentido pela Resolução Administrativa n. 8/00, por meio da Súmula n. 2 — Comissão de Conciliação Prévia — Extinção do Processo.(48)

Ao analisar a constitucionalidade da exigência do intento de conciliação como requisito prévio ao processo em relação ao princípio da jurisdição, a jurisprudência da Suprema Corte Italiana e do Tribunal Constitucional Espanhol entendem a perfeita compatibilidade de tal determinação estabelecida na legislação ordinária (art. 410, Código do Processo Civil de Itália e art. 63 da Lei de Procedimento Laboral Espanhola) com o art. 24 da Constituição Italiana e 24.1 da Constituição Espanhola.

Os argumentos em prol da constitucionalidade da submissão da demanda à CCP (art. 625, *d*, da CLT) são os seguintes: 1) a passagem pela CCP não impede o acesso ao Poder Jurisdicional, sendo reservado o direito de oferecer à demanda;(49) 2) também não se trata de jurisdição condicionada, pois a conciliação tem forte impacto social e se conceitua como um princípio inerente ao Processo Laboral; 3) a obediência à conciliação extrajudicial é legítima e representa um obstáculo razoável ao acesso ao judiciário, pois exerce a função de um filtro de ampla finalidade social.

O Ministro do Tribunal Superior do Trabalho (TST), *Ives Gandra da Silva Martins*, refuta a tese de inconstitucionalidade, argumentando que a submissão à CCP não representa obstáculo à jurisdição, pois se apresenta como instância prévia de conciliação, com tramitação em no máximo de dez dias (art. 625-F da CLT). Ademais, afirma que tal exigência se caracteriza como pressuposto processual.(50) Outro Ministro do TST, *João Orestes Dalazen*, manifestou que a conciliação prévia não contraria o princípio da "inafastabilidade" da jurisdição, pois o direi-

(48) A COMISSÃO DE CONCILIAÇÃO PRÉVIA E O DIREITO DE AÇÃO DO TRABALHADOR — O art. 625-D da CLT não prevê a obrigação do trabalhador de submeter-se à Comissão de Conciliação Prévia, nem proíbe, expressamente, o imediato ajuizamento da ação perante a Justiça do Trabalho. A evasão à Comissão de Conciliação Prévia não implica em carência da ação nesta Justiça Especializada, como se fosse um de seus pressupostos ou de suas condições, mesmo porque a Lei n. 9.958 de 12.1.00 não prevê sanção alguma. (TRT 2ª R. — RO 04201 — (20030373233) — 5ª T. — Rel. Juiz Fernando Antonio Sampaio da Silva — DOESP 15.8.03).

(49) GRINOVER, Ada Pellegrini. *As garantias constitucionais de direito e ação*. São Paulo: Revista dos Tribunais, 1973, pp. 162-163. "A possibilidade de submeter o direito de ação ao pressuposto processual e às condições, não faculta ao legislador a extinção, e tampouco se considera uma restrição "desarrazoada" da garantia constitucional."

(50) MARTINS FILHO, Ives Gandra. *A Justiça do Trabalho no ano 2000* — As Leis ns. 9.957/00 e 9.958/00, a Emenda Constitucional n. 24/99 e a Reforma do Judiciário. Brasília, 2000. *Site Jus Navegandi.*

to público subjetivo de ação não é absoluto e incondicionado. É um direito, cujo exercício se encontra submetido às condições previstas em lei.(51)

A exigência de tentativa prévia de conciliação mantém a possibilidade de posterior invocação da tutela jurisdicional. Encontramos decisões dos Tribunais Regionais do Trabalho (órgãos de segundo grau), que entendem ser obrigatória a submissão à CCP, mas mantém posturas divergentes com relação ao enquadramento de tal exigência em pressuposto processual de constituição e desenvolvimento regular do processo (art. 267, IV do Código do Processo Civil — CPC) ou em condição de ação, pois o demandante somente manifesta seu interesse de recorrer à jurisdição depois de esgotar a via prévia negocial (art. 267, VI, do CPC).(52) Destacamos que a caracterização como pressuposto

(51) DALAZEN, João Oreste. "Apontamentos sobre a reforma do processo trabalhista brasileiro". *Revista LTr*, 62-10/1305-1312, São Paulo, 2000. No mesmo sentido, BUENO MAGANO, Otávio. *Suplemento Trabalhista LTr* 129/00, São Paulo, 2000, pp. 719-720. É constitucional tal exigência legal, pois são imensos os benefícios que a autocomposição gera ao trabalhador. Tal exigência se enquadra em condição ao exercício de ação, da mesma forma dos processos coletivos, cujo Poder Normativo somente poderá ser exercido, depois do esgotamento da via negocial (art. 114, § 2º CF).

(52) AC 22102003, TRT-RR 9650.2002.009.11.00, TST, Rel. Min. Ives Gandra da Silva Filho, EMENTA 1. AGRAVO DE INSTRUMENTO — EXECUÇÃO DE SENTENÇA — VIOLAÇÃO CONSTITUCIONAL CONFIGURADA — PROVIMENTO. Viola o princípio da legalidade a decisão regional que desprestigia acordo homologado sob o fundamento de que as partes deveriam submeter-se à conciliação prévia. Recurso de revista em procedimento sumaríssimo viabilizado pela indigitada violação do art. 5º, II, da Constituição Federal.Agravo de instrumento provido. 2. COMISSÕES DE CONCILIAÇÃO PRÉVIA — DESNECESSIDADE DE SUBMISSÃO DO ACORDO AO SINDICATO — RITO SUMARÍSSIMO — ADMISSÃO DO RECURSO DE REVISTA POR VIOLAÇÃO DO ART. 5º, II, DA CONSTITUIÇÃO FEDERAL. Quanto à questão da celebração de acordo perante Comissão de Conciliação Prévia, a lei é taxativa no sentido de que ela impede a rediscussão da matéria perante o Judiciário (CLT, art. 625-E, parágrafo único). Assim, a decisão regional que desprestigiou o acordo havido, por entender que deveriam as partes passar antes pelo sindicato, pois só havendo lide poderia ser acionada a comissão de conciliação prévia, afrontou o art. 5º, II, da CF, por estabelecer condição não prevista em lei. Nesse sentido, por se tratar de processo submetido ao rito sumaríssimo, admite-se, em caráter excepcional, a vulneração do princípio da legalidade, de forma a garantir o império da lei no campo do funcionamento das comissões de conciliação prévia.

COMISSÃO DE CONCILIAÇÃO PRÉVIA — EXISTÊNCIA NO ÂMBITO DA EMPRESA OU DO SINDICATO — OBRIGATORIEDADE DA TENTATIVA DE CONCILIAÇÃO ANTES DE AJUIZAR DEMANDA — ART. 625-D DA CLT — PRESSUPOSTO PROCESSUAL — PRINCÍPIO DA INAFASTABILIDADE DA JURISDIÇÃO (ART. 5º, XXXV) — EXTINÇÃO DO PROCESSO, SEM JULGAMENTO DO MÉRITO — Na forma do art. 625-D e seus parágrafos, é obrigatória a fase prévia de conciliação, constituindo-se em pressuposto para desenvolvimento válido e regular do processo. Historicamente a conciliação é fim institucional e primeiro da Justiça do Trabalho e, dentro do espírito do art. 114 da Constituição Federal, está a extensão dessa fase pré-processual delegada a entidades paraestatais. O acesso ao Judiciário não está impedido ou obstaculizado com a atuação

processual ou condição da ação gera o mesmo efeito de extinguir o processo sem julgamento do mérito, na forma do art. 267, incisos IV e VI do Código de Processo Civil — CPC.

---

da Comissão Prévia de Conciliação, porque objetivamente o prazo de 10 dias para realização da tentativa de conciliação não se mostra concretamente como empecilho ao processo judicial, máxime quando a parte tem a seu favor motivo relevante para não se enquadrar na regra. Revista conhecida, mas não provida. (TST — RR 58279 — 3ª T. — Relª Minª Conv. Terezinha Célia Kineipp Oliveira — DJU 22.11.2002)

PROCESSO DO TRABALHO — COMISSÃO DE CONCILIAÇÃO PRÉVIA — OBRIGATORIEDADE DE SUBMISSÃO DAS PRETENSÕES MATERIAIS À PRÉVIA TENTATIVA DE COMPOSIÇÃO — CONSTITUCIONALIDADE E LEGALIDADE. O art. 625-D, da CLT, apenas acresce, às ações trabalhistas, novo pressuposto processual objetivo necessário a sua válida formação. A existência de tais pressupostos (a exemplo também das chamadas condições da ação), de mais a mais, não são novidade no ordenamento jurídico-processual. A eles se refere, de forma mais ampla, o art. 267, IV, do CPC, para também cominar, na hipótese de sua ausência, a pena de extinção do feito sem apreciação de mérito. Tal não representa a violação do princípio da inafastabilidade do controle jurisdicional (CF, art. 5º, XXXV), mas apenas significa disciplinar este exercício segundo requisitos (não abusivos, bem entendido) que aprouver ao legislador instituir. De outra parte, a extinção do feito, sem apreciação de mérito, face à inobservância deste pressuposto processual, não representa violação dos arts. 2º e 126, do Estatuto Processual Civil. A jurisdição é prestada pelo Estado-Juiz mesmo quando se reconhece a inexistência de pressupostos processuais necessários à válida formação do feito. Recurso ordinário do reclamante conhecido e desprovido. (TRT 10ª R. — RO 00332 — 3ª T. — Rel. Juiz Paulo Henrique Blair — DJU 16.6.03)

COMISSÃO DE CONCILIAÇÃO PRÉVIA — PRESSUPOSTO PROCESSUAL OBJETIVO. O ajuizamento da reclamação trabalhista, sem a tentativa conciliatória, só é possível caso a categoria ou empresa não tenha instituído comissão de conciliação prévia ou quando, instituída, exista motivo relevante que impossibilite a observância desse procedimento. Existindo a comissão de conciliação prévia e não tendo a demanda passado ao crivo daquela, a despeito da reclamada ter demonstrado ínfima perspectiva para a composição, em audiência, forçoso é reconhecer a extinção do processo sem julgamento do mérito, a teor do inciso IV do art. 267 do CPC. (TRT 10ª R. — RO 03615/2002 — 1ª T. — Relª Juíza Maria Regina Guimarães Dias — DJU 18.11.2002)

COMISSÃO DE CONCILIAÇÃO PRÉVIA — PRESSUPOSTO PROCESSUAL — INOBSERVÂNCIA. Submeter a demanda à comissão de conciliação prévia é pressuposto processual trabalhista (art. 625-d, da CLT). Tratando-se de matéria de ordem pública, a omissão faz extinguir o processo sem julgamento do mérito, o que deve ser declarado de ofício a qualquer tempo e grau de jurisdição, enquanto não for proferida a sentença de mérito (art. 267 — IV e § 3º, do CPC). Havendo recurso "o julgamento proferido pelo tribunal substituirá a sentença ou decisão recorrida no que tiver sido objeto do recurso" (art. 512 do CPC); logo só terá havido julgamento do mérito quando ele for decidido. (TRT 10ª R. — RO 01000/2002 — 1ª T. — Rel. Juiz Fernando A. V. Damasceno — DJU 6.9.02)

CONCILIAÇÃO PRÉVIA — RECLAMAÇÃO TRABALHISTA — PRESSUPOSTO PROCESSUAL — A SUBMISSÃO DO CONFLITO TRABALHISTA À COMISSÃO DE CONCILIAÇÃO PRÉVIA, INSTITUÍDA PELA LEI N. 9.958/00, TRADUZ PRESSUPOSTO DE CONSTITUIÇÃO E DESENVOLVIMENTO VÁLIDO E REGULAR DO PROCESSO, CUJA INOBSERVÂNCIA ACARRETA A EXTINÇÃO DO PROCESSO SEM VERIFICAÇÃO DE MÉRITO (CPC, ART. 267), PRONUNCIÁVEL EM QUALQUER FASE E GRAU DE JURISDIÇÃO, DE OFÍCIO (CPC, ART. 267, § 3º)". (TRT — RO 0744/01 — AC. 1ª Turma. Rel. Juiz José Ribamar O. Lima Júnior. DJU, seção 3, de 26.6.01, p. 14). Recurso a que

O Supremo Tribunal Federal entendeu ser constitucional demanda que determinava a exigência de prévia submissão à reclamação administrativa dos conflitos de interesses referentes às indenizações a serem pretendidas pelo Instituto Nacional de Seguridade Social (INSS). Tais indenizações se originam de acidentes laborais, segundo Informativo do STF, de 25 de março a 2 de abril de 1996, n. 25.(53)

O art. 625-D, § 3º da Consolidação das Leis do Trabalho dispõe que, no caso de motivo relevante, não se permite ao demandante observar o procedimento previsto no *caput* do presente artigo, ou seja, no pertinente a submissão à Comissão, antes da apresentação da demanda. Entretanto, o texto legal não especifica o conteúdo da expressão "motivo relevante", razão pela qual o juiz, quando apreciar a demanda, deverá fazer uma apreciação se o direito aduzido se encontra dentro do conceito indicado.

Podem-se considerar como "motivos relevantes" as demandas que envolvem urgência na decisão judicial, como na hipótese de uma liminar ("decisão em que o juiz aprecia incidente processual e matérias urgentes", prevista no art. 659, IX e X da CLT).

O ônus de provar a ocorrência do "motivo relevante" é da parte que o expõe, de acordo com o art. 818 do texto consolidado. É razoável sustentar que a Lei n. 9.958/00 criou um novo requisito de petição inicial laboral, pois, nas hipóteses de ausência de submissão do conflito à

---

se dá provimento, com ressalva de entendimento da juíza relatora. (TRT 10ª R. — ROPS 01557/2002 — 1ª T. — Relª Juíza Márcia Mazoni Curcio Ribeiro — DJU 23.8.02)
Sentença AC 32029/2001, TRT-RO 7330/2001, TRT-PR 9ª Reg., Rel. Juiz Celio Horst Waldraff. "CCP — O princípio constitucional de inafastabilidade da jurisdição não é absoluto, pois o próprio exercício do direito de ação se submete a requisitos legais, que se não atendidos, implicam extinção do processo. Assim ocorre com os pressupostos processuais, condições de ação e obediência aos prazos processuais. São legítimas limitações ao direito de ação. A obrigatoriedade de submissão da demanda à CCP é um pressuposto processual de constituição e desenvolvimento regular do processo, e como tal, não encerra qualquer ofensa ao princípio constitucional de acesso à justiça."
Exigência — Condição de Ação — Sentença AC 20020350583, TRT 2ª Reg. São Paulo, Rel. Sérgio Pinto Martins, 3ª Turma. "A passagem pela CCP. Condição de Ação. O art. 625-D, da CLT determina que qualquer demanda de natureza laboral deve passar pela CCP antes de ajuizar a ação laboral. A sanção pela inobservância da lei é a extinção do processo sem julgamento de mérito."
Sentença AC 01092/2001, TRT 12ª Reg. Santa Catarina, Rel. Maria de Lourdes Leiria. "CCP. CARÊNCIA DE AÇAO. Por não provocar a CCP, criada pela Lei n. 9.958/00, normatizada pela CCP, torna impossível juridicamente a propositura da demanda perante a esfera judicial, acarretando carência de ação, extinguindo o processo sem julgamento do mérito, com base no art. 267, VI, CPC".

(53) "Condição de Ação Acidentária. Não ofende o art. 5º, XXXV, da CF ("a lei não excluirá da apreciação do Poder Judicial lesão ou ameaça de direito"), decisão que, sem exigir o exaurimento da via administrativa, julga extinta, por falta de interesse de agir (CPC, art. 267, VI), ação acidentária que não foi precedida da comunicação ao INSS. ARE 144.840-SP, Rel. Min. Moreira Alves, 2.4.96.

Comissão por "motivo relevante", a demanda deverá conter a citada declaração.

Sendo assim, quando o juiz verificar a ausência da citada declaração, determinará que a reclamação seja corrigida ou complementada na forma estabelecida pelo art. 284 do Código de Processo Civil e o Súmula n. 263 (entendimento jurisprudencial uniformizado) do Tribunal Superior do Trabalho.

O art. 625-D, § 2º, da CLT trata da declaração do intento de conciliação prévia, que deverá ser juntada à eventual reclamação laboral. Nas hipóteses de não ser anexada tal declaração, também deverá ser concedido um prazo de dez dias com a finalidade de que seja sanada tal irregularidade, na forma que estabelece o art. 284 do CPC e mencionado Súmula n. 263 do TST.

5.2.5. Procedimento

As Comissões de Conciliação Prévia têm, a contar da provocação do interessado, dez dias de prazo para a realização da sessão de tentativa de conciliação.

A demanda deverá ser formulada ou reduzida a termo por qualquer dos membros da Comissão, que entregará cópia datada e assinada aos interessados (§ 1º do art. 625-D).

Quanto ao comparecimento pessoal das partes, entendemos inaplicável o art. 844 da CLT, razão pela qual não é obrigatória a presença. Na verdade, a ausência das partes torna impossível a conciliação, inexistindo as conseqüências de arquivamento e confissão ficta próprias do Processo Laboral. O disposto no art. 843, § 2º, da CLT é aplicável, motivo pelo qual o empregador poderá ser representado nas comissões por preposto.

Outra questão polêmica é a participação dos advogados, a qual é facultativa, pois as partes possuem o *jus postulandi* capitulado no art. 791 do texto consolidado. A própria Ordem dos Advogados do Brasil vem apresentando críticas, no sentido de que existem comissões que impedem a participação dos advogados, cujo comportamento tem que ser reprimido, pois a própria Constituição Federal, em seu art. 133, prevê o papel do advogado na administração da Justiça.

Na sessão de conciliação, poderá ocorrer o acordo, sendo lavrado um termo de conciliação, assinado pelo empregado, pelo empregador ou seu preposto e pelos membros da comissão. Na hipótese de frustração da via negocial, será emitida certidão ao trabalhador e respectivo empregador, para os fins do art. 625-D, da CLT.

5.2.6. Ata de Conciliação

A) Objeto

O tema da definição do objeto da conciliação perante as Comissões de Conciliação Prévia comporta sérias ponderações: a) primeiro em razão do fato de que a Lei n. 9.958/00 é omissa a respeito do tema, determinando sua competência para conflitos individuais do trabalho; b) em segundo lugar, devemos enfocar o assunto sob o prisma dos princípios da irrenunciabilidade dos direitos pelo trabalhador e princípio protetor, que norteiam o Direito do Trabalho brasileiro.

O Direito do Trabalho tem nítido caráter tutelar, mormente com a nova redação do art. 114 da Constituição Federal, dada pela Emenda Constitucional n. 45, ampliando os sujeitos e relações a serem protegidos, diante da nova realidade social, com a flexibilização e a globalização.

Destacamos que o Direito do Trabalho comporta dois tipos de normas quanto a sua natureza: as imperativas ou inderrogáveis, isto é, os direitos mínimos assegurados ao trabalhador (art. 9º da CLT); e as normas derrogativas, que comportam alteração (art. 444 da CLT).

Além de tal dificuldade, ressaltamos que o próprio requisito da subordinação jurídica, conforme previsto no art. 3º da CLT, representa anomalia dentro do mundo contratual, visto que o trabalhador não se encontra em pé de igualdade com o empregador. Portanto, é inegável a existência de uma coação inerente à subordinação jurídica durante o contrato do trabalho, o que leva a parte da doutrina e da jurisprudência sustentar a nulidade da transação durante a vigência do contrato de trabalho, em prejuízo do obreiro, a teor do art. 468 do texto consolidado.

Em contrapartida, não podemos deixar de considerar uma necessária revisão do conceito do princípio protetor, pois o ente maior a ser protegido é o próprio emprego. Além disso, a Constituição Federal apresenta um abrandamento ao permitir, por negociação coletiva, a redução salarial (art. 7º, inciso VI), que é o bem maior do contrato laboral. É certo que a Lei n. 9.958/00 não revogou os arts. 9º e 468 da CLT ou qualquer norma protetora dos direitos dos trabalhadores. Além disso, a flexibilização está intimamente atrelada à negociação coletiva, considerando inclusive a participação sindical na assistência ao trabalhador.

Entendemos que o objeto da conciliação a ser promovida perante a comissão de empresas ou grupo de empresas, em que não há a participação sindical, encontra limites nos arts. 9º e 468 da CLT.

Tal limitação não ocorre nas conciliações promovidas nas comissões de conciliação prévia (espécies sindical e intersindical), visto que o próprio legislador constitucional prestigiou a negociação coletiva, a qual tem o poder inclusive de reduzir salário (art. 7º, VI, CF).

A conciliação obtida em uma Comissão de Conciliação Prévia é um ato jurídico, isto é, um negócio jurídico decorrente da conjugação de vontade das partes. Considerando que é um ato jurídico, contém elementos de constituição, os quais são: a capacidade das partes, a licitude do objeto e a forma. Existem, ainda, os requisitos da própria conciliação, que são o consenso e a causa.[54]

Finalmente, não podemos deixar de considerar que a conciliação efetivada perante a Comissão de Conciliação Prévia poderá ser objeto de decretação de nulidade, por vício de vontade, erro, dolo ou coação, por meio da ação anulatória, de que trata o art. 486 do Código de Processo Civil.

B) Quitação — Eficácia Liberatória

O parágrafo único do art. 625-E, da CLT outorgou eficácia liberatória geral à conciliação efetuada nas Comissões, exceto no que se refere às matérias expressamente reservadas. É muito controvertida a interpretação do âmbito de tal dispositivo legal, existindo diversos entendimentos. Um primeiro setor da doutrina sustenta que o efeito da quitação é amplo, quer dizer, havendo acordo na CCP, o trabalhador não poderá apresentar demanda laboral referente ao contrato de trabalho celebrado com o empregador, exceto se apresentou ressalva de maneira expressa na ata de conciliação.[55] Entretanto, existem outros juristas que sustentam que a liberação se refere às parcelas constantes do "termo" (ata) de conciliação.

A Súmula n. 330 do Tribunal Superior do Trabalho consagrou o princípio de quitação, pelo qual os efeitos da quitação deverão ser admitidos

(54) MARTINS, Sérgio Pinto. *Direito processual do trabalho.* São Paulo: Atlas, 2001, p. 75.
(55) Sentença: AC 00288/2002, Rel. Bertholdo Satyro, TRT-10ª Reg. Brasília. "HORAS EXTRAS — TERMO DE CONCILIAÇÃO PRÉVIA". A ata de transação efetivada na CCP tem eficácia liberatória geral, exceto apenas com relação à expressa ressalva (CLT, parágrafo único do art. 625-E).
Sentença — AC 2196/2002, Rel. Rogério Valle Ferreira, TRT 3ª Reg. Belo Horizonte "CCP — TERMO DE CONCILIAÇAO — VALIDADE DO TÍTULO EXECUTIVO EXTRAJUDICIAL — EFICÁCIA LIBERATÓRIA GERAL — ABRANGÊNCIA DA QUITAÇÃO. "A quitação dada pelo 'termo de conciliação' efetivada na CCP, criada pela Lei n. 9.958/00, que acrescentou dispositivos à CLT (art. 625-A a H), é geral e sem restrições, somente não alcança as parcelas expressamente ressalvadas (parágrafo único do art. 625-E). Entendimento diverso tornaria inócua a autocomposição, desviando da 'mens legis' (valorizar a tentativa espontânea de conciliação e diminuir o fluxo do trabalho da Justiça Laboral. Se destaca que o dispositivo legal não contraria o art. 5º, XXXV, CF, devendo as partes se submeter à tentativa de conciliação prévia, antes de ingressar no juízo."

de maneira restrita, obedecendo ao Princípio de Proteção, pois ainda que esteja modificado regula a interpretação das normas laborais.

Ademais, a quitação tem efeito específico à espécie e ao valor da dívida paga, pois não cabe pretender que o termo de rescisão tenha força ampla a ponto de dar efeito de pago a valores que não foram objeto do pagamento.

Portanto, entende-se que a interpretação sistemática do art. 625-E, do texto consolidado, de acordo com o disposto no art. 477, § 2º do mesmo diploma legal, deve ser no sentido de que a eficácia liberatória é somente relativa aos valores expressamente consignados e pagos, e não do conteúdo total, para incluir todo o contrato de trabalho.(56)

---

(56) 193005278 — COMISSÕES DE CONCILIAÇÃO PRÉVIA — A Lei n. 9.958/00 não teve, nem poderia ter, o objetivo de fraudar direitos ou permitir que fossem firmados documentos manifestamente prejudiciais ao trabalhador. A conciliação implica concessões mútuas e não mera dação de alguns títulos a que o obreiro já fazia jus. (TRT 2ª — RS 00727 — (20030543856) — 3ª T. — Relª Juíza Silvia Regina Pondé Galvão Devonald — DOESP 21.10.03)
COMISSÃO DE CONCILIAÇÃO PRÉVIA — EFICÁCIA — A presença em Comissão de Conciliação Prévia para pagamento dos haveres contratuais não se constitui em acordo, com a eficácia constante no parágrafo único, do art. 625-E, da CLT. Para homologar rescisões já existem a DRT e o Sindicato da categoria profissional, não sendo este o intuito do legislador, que criou comissões paritárias para agilizar e dirimir os conflitos trabalhistas. (TRT 2ª R. — RO 00089 — (20030185402) — 3ª T. — Relª p/o Ac. Juíza Silvia Regina Pondé Galvão Devonald — DOESP 6.5.03)
ACORDO FIRMADO EM NÚCLEO DE CONCILIAÇÃO PRÉVIA. É nulo de pleno direito, acordo firmado em Núcleo de Conciliação Prévia, quando faltarem os requisitos formais ao ato e também quando se pretende induzir o trabalhador a erro que, despedido sem justa causa, no ato da homologação é levado à Comissão de Conciliação Prévia para fazer concessões sem receber qualquer vantagem em troca. Não se pode dar a eficácia liberatória geral prevista no art. 625-E da CLT, se o acordo padece de vício que o torne nulo. (TRT 2ª — RO 41218 — (20030336770) — 2ª T. — Relª Juíza Maria de Fátima Zanetti Barbosa e Santos — DOESP 5.8.03)
ACORDO — HOMOLOGAÇÃO PERANTE A COMISSÃO DE CONCILIAÇÃO PRÉVIA — EFEITOS — Ante a expressa disposição do parágrafo único do art. 625-E da CLT e da assistência sindical, não pode o Judiciário desprestigiar o negócio jurídico realizado entre as partes, sob o fundamento de eventual prejuízo ao trabalhador, que, aliás, nada alegou nesse sentido. Houve verdadeira transação extrajudicial, homologada perante a Comissão de Conciliação Prévia, produzindo entre as partes o efeito de coisa julgada (Código Civil, arts. 1.025 — 1ª parte e 1.030 e CPC, art. 267, inciso V). (TRT 2ª — AI 55789 — (20030382119) — 5ª T. — Rel. Juiz Fernando Antonio Sampaio da Silva — DOESP 22.8.03)
A LEI N. 9.958, DE 12.1.00, foi criada com a louvável finalidade de evitar lides laborais com a utilização das COMISSÕES DE CONCILIAÇÃO PRÉVIA (CLT, ARTS. 625-A *USQUE* 625-H). No entanto, a teor do art. 9º consolidado (chamado pela melhor doutrina de "núcleo duro" da legislação social), não deve pestanejar o magistrado trabalhista em decretar a nulidade de pseudo avença em que o agora reclamante nada mais recebe do que cerca de 25% daquilo estampado em termo de rescisão do contrato de trabalho. As nobres metas da Lei de 2000 acima referida devem ser preservadas pela Justiça Trabalhista, motivo pelo qual a expedição de ofício ao Ministério Público do Trabalho,

C) Execução

O art. 625-E, parágrafo único, do texto consolidado, estabelece que o acordo ante a Comissão de Conciliação Prévia representa um título executivo extrajudicial, o que é um grande avanço, pois antes era

---

"in casu" é medida que se afigura imperativa, o mesmo podendo ser dito no tocante à litigância de má-fé do ex-empregador. (TRT 2ª R. — RS 01420200243102003 — (20030011668) — 7ª T. — Rel. Juiz Ricardo Verta Luduvice — DOESP 7.2.03)

COMISSÃO DE CONCILIAÇÃO PRÉVIA — TÍTULO EXECUTIVO EXTRAJUDICIAL VALIDADE — EFICÁCIA LIBERATÓRIA — QUITAÇÃO — ABRANGÊNCIA. A quitação dada pelo empregado perante Comissão de Conciliação Prévia constitui título executivo extrajudicial. A Lei n. 9.958/00 acresceu à CLT os art. 625A a H, dispondo que a quitação é geral e irrestrita, excetuando as parcelas expressamente ressalvadas (parágrafo único do art. 625-E/CLT). Entendimento diverso tornaria inócua a autocomposição, malsinando a mens legis, que tem por escopo a valorização da tentativa espontânea de composição das partes justamente para desafogar a Justiça do Trabalho. Havendo legislação específica dispondo a quitação geral, com eficácia liberatória, não há que se falar em afronta ao art. 5º, XXXV, da Constituição Federal. Vistos, relatados e discutidos estes autos em que são partes as identificadas em epígrafe. (TRT 10ª R. — RO 00291 — 3ª T. — Relª Juíza Márcia Mazoni Cúrcio Ribeiro — DJU 31.3.03)

COMISSÃO DE CONCILIAÇÃO PRÉVIA — TERMO DE CONCILIAÇÃO — EFICÁCIA LIBERATÓRIA GERAL — IMPOSSIBILIDADE. A edição da Lei n. 9.958/00, que instituiu mecanismo legal de autocomposição do conflito trabalhista, permitindo a transação extrajudicial de direitos laborais, reclama redobrada atenção do judiciário, a fim de que as conciliações por intermédio das comissões não se transformem em fonte de renúncia de direitos dos trabalhadores. A transação celebrada extrajudicialmente não deve receber interpretação mais ampla do que a celebrada sob o controle da autoridade judiciária, devendo restringir-se apenas às parcelas expressamente consignadas no termo conciliatório, sendo incabível atribuir-lhe eficácia liberatória geral de todos os direitos contratuais, sob pena de se obstar o livre acesso ao judiciário (art. 5º, XXXVI da CF). Enunciado n. 330/TST. Parcelas expressamente ressalvadas. Inaplicabilidade. Em face do posicionamento do c. TST e deste eg. Tribunal sobre a matéria concernente aos efeitos liberatórios das parcelas discriminadas no Trct, e evitando-se o alargamento da vereda processual, como também a instalação da expectativa entre os litigantes, venho ressalvando entendimento pessoal, destacando, contudo, que a quitação das verbas rescisórias terá eficácia liberatória apenas em relação aos títulos vinculados à rescisão contratual, expressamente não ressalvados, excetuando eventuais diferenças sob parcelas de natureza diversa. Constando ressalva expressa de diferenças de verbas rescisórias sobre comissões, não há falar na incidência do citado enunciado de súmula. Domingos trabalhados. Prova. Não demonstrando a reclamante o trabalho em todos os domingos no mês de dezembro/99, ônus que lhe incumbia (art. 333, I do CPC e 818 da CLT), reforma-se a r. Sentença para limitar a condenação a dois domingos. Justiça gratuita — A prova da miserabilidade jurídica é feita através da declaração da parte ou do advogado com poderes para tal, cuja veracidade se presume nos termos da Lei n. 7.115 de 29.8.83. Tendo a autora colacionado o referido documento, em que declara, sob as penas da lei, encontrar-se em situação econômica precária, faz jus às benesses da justiça gratuita, mesmo que se encontre assistida por advogado particular, visto que os requisitos previstos para a isenção das custas processuais na justiça do trabalho, previstos nas Leis ns. 7.115/83 e 1.060/50, não são os mesmos para concessão de honorários assistenciais. Recurso conhecido e provido parcialmente. Vistos, relatados e discutidos estes autos em que são partes as identificadas em epígrafe. (TRT 10ª R. — RO 01079/2002 — 3ª T. — Rel. Juiz Marcos Roberto Pereira — DJU 23.8.2002)

possível apenas a execução de acordo judicial e da sentença com trânsito em julgado. Assim, o art. 876 da CLT teve seu âmbito ampliado, para incluir as conciliações firmadas na CCP. A execução do acordo celebrado na CCP deverá ser efetivada no local da prestação de serviços do obreiro, art. 651 da CLT.

5.2.7. Prescrição

O art. 625-G, do texto consolidado, estabelece que o prazo prescricional resta suspenso a partir da provocação, pelo interessado, da Comissão de Conciliação Prévia, recomeçando a fluir, pelo que lhe resta, a partir da tentativa frustrada de conciliação ou do esgotamento do prazo de dez dias para a designação da sessão para tentativa de conciliação.

O art. 7º, inciso XXIX, da Constituição Federal, estabelece para o trabalhador urbano e rural dois prazos prescricionais, sendo a prescrição nuclear de dois anos após a extinção do contrato de trabalho e a prescrição parcial ou qüinqüenal, a contar dos cinco anos anteriores ao ajuizamento da reclamatória.

Portanto, entendemos que o artigo em exame determina a suspensão de ambos os prazos prescricionais.

5.2.8. Desvio da CCP — Fraudes

A Lei n. 9.958/00 não fixou a forma de financiamento dos gastos relativos à instalação e funcionamento das Comissões de Conciliação Prévia, o que representa uma grande dificuldade para a sua instalação. Tampouco especifica o tema da remuneração dos membros da comissão, excluindo os representantes dos empregados que mantém a remuneração paga pelo empregador.

Sentença n. 20030101659, 10.3.03, Rel. Jane Granzoto Torres da Silva, TRT 2ª Reg.-SP, "Conciliação Extrajudical. Alcance. O ajuste efetuado pelas partes, na sede de CCP, contando apenas com o pagamento de títulos rescisórios indiscutivelmente devidos, não caracteriza transação e não tem eficácia liberatória plena. Transação pressupõe dúvida na efetivação do direito e concessões recíprocas, sendo compatível com o Direito do Trabalho, não se confundindo com renúncia generalizada de direitos, esta sem pertinência com o referido ramo da ciência jurídica, informado pelo princípio da irrenunciabilidade." No mesmo sentido, "a eficácia liberatória geral somente pode dizer respeito ao que estiver constando da ata de conciliação, e não com relação ao contrato de trabalho. Não é razoável argumentar que verbas não pagas ou pagas a menor não foram quitadas, e não esteia a quitação do contrato de trabalho. Os efeitos de conciliação efetivada na CCP são diferentes com relação à conciliação judicial." MARTINS, Sérgio Pinto. *Comissões de Conciliação Prévia e Procedimento Sumaríssimo*. São Paulo: Atlas, 2000, pp.55-56.

Em função do volume de fraudes, o Ministério do Trabalho e Empregado estabeleceu a Disposição n. 329, de 14 de agosto de 2002, (art. 10 e parágrafos), a qual determina que o custeio das despesas da CCP seja definido no ato de sua instituição, estando proibida a cobrança de qualquer montante do trabalhador, ou de qualquer quantia que esteja vinculada ao resultado positivo da conciliação ou em um percentual do valor pleiteado ou conciliado. Estabelece também a proibição de qualquer remuneração ou gratificação aos membros da CCP baseada nos acordos firmados.

Portanto, o custo das comissões de conciliação nas empresas é de exclusiva responsabilidade delas. Isso é um grande obstáculo ao êxito das CCPs, pois, na Espanha, os sistemas extrajudiciais contam com o custeio financiado pelo Estado. A despeito de custear, o Estado Espanhol consagra à autonomia coletiva gerir o numerário a este fim destinado.

Após quase seis anos de vigência da Lei n. 9.959/00, verifica-se, em todo território nacional, denúncias de irregularidades envolvendo as Comissões de Conciliação Prévia, entre as quais: cobrança de percentual sobre o valor dos acordos realizados; quitação geral dos créditos e não apenas dos valores específicos da conciliação; utilização de símbolos da República para dar efeito de órgão do Poder Judiciário; sonegação fiscal e previdenciária, coação de empregados para celebrar conciliação para percepção das verbas rescisórias; e transformando as Comissões em órgãos de homologação dos títulos rescisórios.

Considerando as inúmeras acusações de fraude no procedimento das Comissões de Conciliação Prévia em todo o território nacional, firmou-se, em 5 6.02, um Termo de Cooperação MTE/TST/MPT/CGT/SDS/CNC/CNT/CNF/ASSIMPI n. 17/02, isto é, Ministério do Trabalho e do Emprego, Tribunal Superior do Trabalho, Ministério Público do Trabalho, Confederação Geral dos Trabalhadores, Confederação Nacional do Comércio, Confederação Nacional do Transporte, Confederação Nacional das Instituições Financeiras, Confederação Nacional da Agricultura e Associação Nacional dos SIMPI — Sindicatos das Micro e Pequenas Indústrias.

O referido Termo de Cooperação visa aperfeiçoar a aplicação do instituto da Comissão de Conciliação Prévia, cuja implementação se dará mediante um grupo de trabalho, a ser integrado por representantes da Secretaria de Relações do Trabalho, Secretaria de Inspeção do Trabalho, Consultoria Jurídica e da Secretaria Executiva, sendo todas ligadas ao MTE.

Resumidamente, propõe o Termo de Cooperação um sistema de acompanhamento pelas Centrais Sindicais e Confederações Patronais das Comissões, privilegiando o rateio proporcional entre as empresas, gratuidade ao trabalhador, capacitação dos conciliadores e uniformização de procedimentos e identificação de mecanismos para coibir as inúmeras fraudes.

Diante de inúmeras declarações, inclusive nos órgãos de imprensa, o então Presidente da República (Fernando Henrique Cardoso) determinou ao Ministro da Justiça que fossem tomadas todas as providências para coibir a situação, quando foram editadas pelo Ministério do Trabalho e do Emprego as Portarias n. 264, de 5 de junho de 2002, e a Portaria n. 329 de 14 de agosto de 2002.

A Portaria n. 264/02 fixou normas para o acompanhamento e levantamento de dados relacionados ao funcionamento das Comissões de Conciliação Prévia, bem como para a fiscalização do trabalho quanto ao FGTS e contribuições sociais em decorrência da conciliação.

Portanto, para o registro dos acordos e convenções coletivas de trabalho referentes à Comissão será exigida a especificação da modalidade de comissão adotada, a fórmula de custeio para funcionamento e a definição das categorias abrangidas.

O art. 5º da Portaria determina que a cobrança indevida de taxas, bem como sobre qualquer percentual do acordo e toda a prática de irregularidades, gerará um relatório circunstanciado, a ser enviado ao Ministério Público do Trabalho.

A Portaria n. 329, de 14 de agosto de 2002, estabeleceu os procedimentos para a instalação e funcionamento das Comissões, visando coibir as fraudes mediante a fixação e delimitação dos parâmetros. Vale ressaltar o art. 3º, o qual determina que a instalação da sessão de conciliação pressupõe a existência de conflito, não se admitindo a utilização de tais órgãos como de assistência e homologação de rescisão contratual.

O art. 4º prevê a obrigatoriedade de submissão à Comissão nas localidades em que tiver sido instalada e regulamenta o procedimento, inclusive no que tange à representação das partes. O art. 7º determina que as Comissões devam abster-se de usar os símbolos oficiais e não podem constituir fontes de rendas dos sindicatos. O custeio das Comissões será regulado no ato de sua instituição, assegurando-se a gratuidade ao trabalhador e a eficácia liberatória geral, exceto quanto às parcelas ressalvadas (art. 13, inciso VI).

Ao analisarmos as Portarias, verificamos que o Ministério do Trabalho e Emprego deixou de apresentar sanção expressa às irregularidades e regulou por Portaria matéria em afronta à legislação (*vide* art. 477, § 2º da CLT com o art. 13, inciso VI da Portaria), que define ser a quitação apenas do valor, independentemente da ressalva. Ademais, determinou a obrigatoriedade de submissão à Comissão, sendo que a Lei n. 9.958/00 não apresenta comando expresso.

Na época, o Presidente do Tribunal Superior do Trabalho, Ministro *Francisco Fausto*, no XXIV Congresso da ABRAT, defendeu a imediata extinção das Comissões de Conciliação Prévia por causas das inúmeras irregularidades, sugerindo a substituição das Comissões por juízos conciliatórios presididos pelo próprio Juiz do Trabalho. "Comentando as Portarias do Ministério do Trabalho destacou que o Ministro Jobim faz um aceno pedagógico e no Brasil nada se corrige de forma pedagógica".(57)

O "site" atualizado do Ministério do Trabalho e Emprego aponta que foram criadas 1.233 Comissões de Conciliação Prévia, cuja maioria é de modelo intersindical (73%).

Efetuamos pesquisa junto ao Ministério Público do Trabalho — PRT-2ª Região — São Paulo-SP, quando constatamos os inúmeros inquéritos civis e as Ações Civis Públicas ajustadas em função das *fraudes* no desvio de uso da CCP. Esta constatação revela que o instituto acabou se tornando instrumento para fraudar os direitos dos trabalhadores.

Observamos que nem tudo está perdido, pois verificamos algumas situações em que o diálogo social e o desempenho dos agentes sociais em conjunto com a Magistratura do Trabalho está fazendo a diferença no tema de conciliação.

Em nível extrajudicial, destacamos a atuação dos Núcleos Intersindicais de Patrocínio-MG e de Maringá-PR. O Núcleo Intersindical é composto pelo Conselho Tripartido, Diretor Executivo, Seção Intersindical de Conciliação e Conselho de Arbitragem. O Conselho Tripartido é um órgão deliberativo, com poderes normatizador e administrativo composto por: a) sindicato dos trabalhadores; b) sindicato patronal; c) presidente do Conselho de Arbitragem; d) representantes do Poder Público (Justiça do Trabalho, Ministério do Trabalho e Emprego).

A Seção Intersindical, como denomina *Antonio Gomes de Vasconcelos*,(58) é o coração do sistema de solução extrajudicial de dissídios individuais de trabalho. É composta por pessoas que pertencem ao corpo funcional do Núcleo na qualidade de empregados, sendo designados "conciliadores" e são comandados pelo coordenador de conciliação.

---

(57) FAUSTO, Francisco. "Comissões de Conciliação Prévia". *Revista Trabalho Nacional*, out. 2002, pp. 6-9.

(58) VASCONCELOS, Antonio Gomes. *Núcleos Intersindicais de Conciliação Trabalhista*. São Paulo: LTr, 1999, p. 154.

Desde a criação do primeiro Núcleo Intersindical (Patrocínio-MG), a composição do Conselho de Árbitros sofreu alteração, pois inicialmente havia a presença de juízes naquele órgão, o que deixou de ocorrer.

As matérias objeto de apreciação dentro do Núcleo, no que tange à conciliação-mediação ou com relação à arbitragem, são dissídios intersindicais; dissídios individuais do trabalho e dissídios coletivos do trabalho.

O Núcleo Intersindical de Conciliação de Patrocínio-MG, que foi instalado em 1994, apresenta os seguintes dados estatísticos, conforme leciona o Juiz do Trabalho *Antonio Gomes de Vasconcelos Dirceu Galdino*(59):

	1994	**1995**	**1996**	**1997**	**1998**	**Total**
Casos atendidos	2.227	9.475	12.583	9.733	10.749	44.767
Solucionados	2.200	9.326	12.392	9.654	10.698	44.180
Remessa a Justiça Laboral	27	239	191	79	51	587

Em 18 de setembro de 1996, foi fundado o Núcleo Intersindical de Conciliação Trabalhista de Maringá-PR — Ninter, o qual apresenta os seguintes dados estatísticos do período de 1º.10.96 a 31.8.98(60):

a) Casos atendidos: 1328;

b) Casos solucionados: 1305;

c) Casos remetidos à Justiça do Trabalho: 23.

A gênese das Comissões de Conciliação Prévia vem das comissões de fábrica, havendo resultados favoráveis nos sindicatos ligados à Central Única dos Trabalhadores (CUT). Vale ressaltar que tal órgão fixa, como pressupostos indispensáveis à celebração do acordo, a voluntariedade do acesso dos trabalhadores e a quitação apenas dos valores pagos, visto que a CUT não assina qualquer acordo com quitação geral e nem com cláusula de quitação automática.

O custeio da Comissão é integralmente suportado pelas empresas, sendo proibida a cobrança de qualquer valor do trabalhador. A CUT tem inclusive a Câmara Intersindical de Conciliação Prévia Metalúrgica, Mecânica e de Material Elétrico. A Câmara Sindical foi instalada por

(59) *Idem, Ibidem*, p. 196 C.
(60) *Idem, Ibidem*, p. 200.

Convenção Coletiva de Trabalho celebrada em 3.9.2001. A Câmara atende às demandas relativas aos trabalhadores das categorias abrangidas pelos sindicatos acordantes e, eventualmente, daqueles que venham aderir. A Câmara abrange as Comissões e possui composição paritária, sendo dois conciliadores das categorias econômica e profissional, sendo supervisionados por dois coordenadores.

José Pastore efetivou pesquisa em 2002, verificando a criação de 1.200 Comissões de Conciliação Prévia, sendo que analisou cerca de 30 Comissões dos setores de indústrias, comércio e bancos, apurando o seguinte:[(61)]

Tipos de Casos	N. de Casos	%
Casos analisados	79.940	100,0
Casos conciliados	61.142	76,5
Casos não conciliados	18.729	23,4
Casos pendentes	69	0,01

A Delegacia Regional do Trabalho publicou o levantamento do total de Comissões de Conciliação Prévia instaladas e em funcionamento em 4.9.2002, revelando que 72,94% são Comissões Intersindicais, 25,63% Sindicato X Empresa, 1,18% por grupo de empresas e 0,25% por empresa (conforme dados cedidos pelo próprio Órgão).

Portanto, verifica-se a *existência de resultados animadores com 75% de êxito na conciliação, o que revela que o instrumento* é eficiente, quando bem utilizado.

Recentemente, a Delegacia Regional do Trabalho do Estado de São Paulo forneceu os seguintes dados acerca do assunto:

NÚCLEO INTERSINDICAL	INSTALADO	327
COMISSÃO POR EMPRESA	INSTALADA	143
COMISSÃO COM SINDICATO E EMPRESA	INSTALADA	175

Núcleo Instersindical só previsto em CCT ou ACT	130
Comissão com Sindicato e empresa só previsto em CCT ou ACT	56
Comissão por empresa apenas comunicada previsão (até 6 outubro de 2004 – não haviam comunicado a instalação)	11

(61) PASTORE, José. "Comissões de Conciliação Prévia". *O Estado de S. Paulo.* São Paulo, 21 de maio de 2002.

O documento apresentado sobre os dados estatísticos revela que somente o SINDICATO DOS TRABALHADORES E PATRONAL DO SETOR DE HOTÉIS, RESTAURANTES E BARES DE SÃO PAULO, com os seguintes dados aproximados de setembro de 2003 a setembro de 2004:

Sessões pautadas:	5.200	
Sessões realizadas	1.100	
Sessões não realizadas	4.100	(por não comparecimento ou prévio acordo)

Após ampla pesquisa, verificamos a escassez de informações estatísticas sobre a matéria, a fim de demonstrar objetivamente os resultados sobre as Comissões de Conciliação Prévia e proporcionar mecanismos de fiscalização.

5.2.9. Anteprojeto de Reforma — Relações Sindicais

Tendo em vista as dificuldades do Sistema Sindical Brasileiro, desaguando na inutilização dos meios de Soluções Extrajudiciais dos Conflitos de Trabalho, afigura-se o Anteprojeto de Emenda Constitucional, que tem como objeto a alteração dos arts. 8º, 11 e acrescenta inciso VII ao art. 37 do respectivo texto constitucional, a fim de viabilizar a negociação coletiva no âmbito do serviço público.

Dentro de tal movimentação de reforma, existe, também, o "Anteprojeto de Reforma — Legislação Trabalhista".

Primeiramente, se faz necessário destacar que a proposição quanto ao referido "Anteprojeto" decorreu do Fórum Nacional do Trabalho, e permanece em fase de discussão até o presente momento.

Ressalte-se, pois oportuno, que nossas impressões não são definitivas à resposta do tema, até porque o próprio texto poderá ser modificado no bojo do "anteprojeto", todavia tem nascimento a "*Representação dos Trabalhadores nos locais de Trabalho*" com a finalidade de mediar e conciliar os conflitos individuais do trabalho no próprio local de trabalho. Nesse aspecto o Anteprojeto enfatiza a Recomendação n. 143 e a Convenção n. 135 da Organização Internacional do Trabalho, e ao mesmo tempo põe fim *às Comissões de Conciliação Prévia.*

Com o Anteprojeto nasce o *Conselho Nacional de Relações do Trabalho — CNRT*, de caráter tripartite e paritário, composto de representantes indicados pelo Governo Federal, pelos trabalhadores e pelos empregadores, órgão atrelado ao Ministério do Trabalho e Emprego, que vai gerenciar as representações instaladas nas empresas, bem como as negociações coletivas.

Embora a negociação seja obrigatória antes do ajuizamento de dissídio coletivo em nosso Ordenamento Jurídico, o art. 93 do Anteprojeto observa as Convenções ns. 98 e 154 da OIT, apresenta como *representantes da negociação coletiva* os chamados "atores coletivos, entidades sindicais, os empregadores e as representações dos trabalhadores nos locais de trabalho".

Não podemos deixar de ressaltar que o Anteprojeto caminha bem, quando diz que: "O termo de conciliação (diante da representação dos Trabalhadores) é título executivo extrajudicial e terá eficácia liberatória somente em relação aos títulos e períodos que nele forem expressamente discriminados". Pois conforme explicitado anteriormente, o parágrafo único do art. 625-E, da CLT, outorgou eficácia liberatória geral à conciliação efetuada nas Comissões, exceto no que se refere às matérias expressamente reservadas, tornando controvertida a interpretação de tal dispositivo. A Súmula n. 330 do TST consagrou o princípio pelo qual os efeitos da quitação deverão ser admitidos de maneira restrita, obedecendo ao Princípio de Proteção, pois, ainda que esteja modificado, regula a interpretação das normas laborais.

Portanto a interpretação sistemática do art. 625-E, do texto consolidado, de acordo com o disposto no art. 477, § 2º do mesmo diploma legal, deve ser no sentido de que a eficácia liberatória é somente relativa aos valores expressamente consignados e pagos, e não do conteúdo total, para incluir todo o contrato de trabalho, nos exatos termos do citado Anteprojeto.

Logo, o Anteprojeto indica os contornos de validade do termo de conciliação, proporcionando, por meio das vias extrajudiciais soluções para conflitos de maneira simples e eficaz, e ao mesmo tempo assegura o verdadeiro papel do Poder Judiciário Trabalhista de Centurião da Legislação. O sistema do Anteprojeto se aproxima do modelo Espanhol para resolução dos conflitos trabalhistas.

Quanto à solução dos conflitos coletivos, implementa mudanças para uma nova realidade, a uma em face da *liberdade sindical.* Frise-se, pois oportuno, que o art. 8º, inciso II, da Constituição Federal, impõe limites à liberdade sindical, uma vez que veda a criação de mais de uma organização sindical, em qualquer grau, representativa de categoria profissional ou econômica, na mesma base territorial. O anteprojeto vincula a legitimidade Sindical à representatividade, assemelhando-se aos sistemas espanhol e italiano.

Ao depois, o § 2º do art. 114 da Constituição Federal possibilita o ajuizamento de dissídio coletivo de natureza econômica como o consentimento de ambas as partes, podendo a Justiça do Trabalho decidir o conflito, respeitadas as disposições mínimas legais de proteção ao trabalho, bem como as convencionadas anteriormente (insciso alterado pela EC n. 45).

O nível de negociação coletiva toma outros contornos, uma vez que poderá ser feito por empresa, grupo de empresa, ramo de atividade e o setor econômico. Nesse passo, a negociação poderá ter abrangência nacional, interestadual, estadual, intermunicipal, municipal, por grupo de empresas e por empresas, deverá guardar correspondência com o âmbito de representação dos atores coletivos. Tais atores coletivos devem participar da negociação nos respectivos âmbitos de sua representação e não de celebrar o contrato coletivo.

Outro ponto essencial é que, não existindo entidade com *personalidade Sindical* de qualquer nível *disposta à negociação,* abre as portas para que trabalhadores e empregadores deliberem diretamente.

Portanto, dada a complexidade de concretização dos Direitos Sociais no plano prático, observou o Anteprojeto o que já vem sendo implementado na Espanha:[(62)] que o Judiciário deve ser apenas o pano de fundo para interesses coletivos e não o meio para conquista das aspirações das categorias profissionais.

Para tanto, os contratos coletivos passam a ter maior validade (três anos), salvo disposição em contrário. Há ainda que se ressaltar a possibilidade de que determinadas conquistas venham a subsistir após o término da vigência de um contrato coletivo, verdadeiro alicerce para benefícios sociais auferidos por determinada categoria. Tal condição afasta o Judiciário do cenário dos interesses coletivos uma vez que propicia aos próprios interessados meios de assegurar vantagens por meio do tempo.

O texto do Anteprojeto traz à tona a importância da atualização da Legislação Trabalhista no Brasil, em paralelo aos Direitos Fundamentais do Trabalho, uma vez que reflete princípios da Organização Internacional do Trabalho, não deixando de assegurar o lugar da autonomia coletiva privada dos grupos organizados. Sob este aspecto, nosso estudo comparado, principalmente quanto à Legislação Espanhola, nos auxilia a entender melhor o valor da expressão *autonomia da vontade*, sem deixar de preservar a importância da Justiça do Trabalho.

---

(62) Vide capítulo 7 deste livro — ESPANHA fls. 47/79.

É sob o abrigo de uma visão sistêmica do Direito do Trabalho e da análise de outras legislações, que podemos concluir que a reforma sindical atrelada à reforma da legislação trabalhista, caminho que nossa sociedade não pode mais se desviar, será de grande valia, propiciando a adaptação do direito à realidade de nossa sociedade.

O Brasil tem necessidades prementes de inserção na sociedade mundial atual, da qual o pluralismo e a liberdade são essenciais; todavia, não há que se resvalar a dignidade humana e a afirmação da cidadania, tão importantes para construção de uma sociedade bem estruturada.

É nesse diapasão que o nosso estudo fragmentado do sistema espanhol e italiano traz contornos para uma discussão integrada e responsável, acerca de mudanças necessárias a serem implementadas para progresso de nosso país. Na verdade, não se pode olvidar que o legislador espanhol conseguiu dosar a autonomia da vontade, no âmbito trabalhista, sem deixar ao largo o papel do Poder Judiciário. É sob este enfoque que devemos ficar atentos à nossa Reforma Sindical e às mudanças na Legislação Trabalhista, trazendo para o Brasil aquilo que deu certo e corresponde ao anseio de nossa sociedade, representando, dessa forma, um verdadeiro avanço à coletividade e não simplesmente uma repetição de fórmulas utilizadas em outros países, sem um estudo profundo com dimensão das diferenças.

Registre-se que não se pode deixar de considerar que ainda se pretende determinar o Sistema de Solução Extrajudicial por meio de reforma da Legislação. Todavia, o ponto fulcral para o êxito das vias extrajudiciais de solução de conflito tem seu fundamento no pacto social, marca do sistema espanhol, do qual provém o sucesso do tema.

A tramitação das reformas, neste momento, revela a atualidade do objeto deste livro, considerando que a reforma, a meu ver, teve inspiração no modelo espanhol.

6. ORIENTAÇÕES DA ORGANIZAÇÃO INTERNACIONAL DO TRABALHO

A Organização Internacional do Trabalho foi instituída em 1946, cuja constituição tem na sua competência "fomentar em todas as nações programas que permitam lograr o reconhecimento efetivo do direito de negociação coletiva" (item III, alínea *e*), conforme a declaração de Filadélfia (1944).

A OIT manifestou-se sobre a negociação coletiva, por meio da Convenção n. 84/47, que trata da negociação coletiva nos territórios não-nacionais; sendo que, em 1948, a Convenção n. 89 aborda o assunto de forma genérica, estabelecendo os princípios do direito de sindicalização e de negociação coletiva, estatuindo que os Estados devam adotar medidas adequadas às condições nacionais para estimular e fomentar o "uso de procedimentos de negociação voluntária com o objetivo de regulamentar, por meio de contratos coletivos, as condições de emprego" (art. 4º).

O art. 4º da Convenção n. 98, 8 de junho de 1949, afirma que devem ser adotadas as medidas adequadas às condições nacionais, a fim de que seja estimulada a criação de procedimentos voluntários, com objetivo de regulamentar, por convênios coletivos, as condições de trabalho.

A Recomendação n. 92, de 1951, trata especificamente do tema conciliação e a arbitragem voluntária, concernentes aos conflitos de trabalho, entre empregados e empregadores.

Tal Recomendação determina a necessidade de representação igualitária de empregados e de empregadores, bem como a gratuidade dos sistemas de conciliação e arbitragem. A legitimação para instaurar o procedimento de conciliação poderá ser efetivada por qualquer uma das partes em conflito ou de ofício pelos organismos de conciliação voluntária. A arbitragem, por sua vez, pressupõe o acordo de vontades de ambas as partes, para outorgar a um terceiro o poder de decidir o conflito.

Estabelece, ainda, que nos procedimentos de conciliação com consentimento de todas as partes interessadas, deverão ser estimuladas práticas de abstenção à greve e ao *lockout*.

A Recomendação n. 94 da Organização Internacional do Trabalho, de 1952, trata da criação de mecanismos de consulta e colaboração de trabalhadores no âmbito da empresa, para prevenir ou conciliar controvérsias, excluindo de suas atribuições as questões compreendidas no campo da negociação coletiva.

A Recomendação n. 130/67 leciona a criação de mecanismos de exame de reclamações dentro da empresa, para efetivar a solução. Tal procedimento poderá ser instituído por lei, convenção coletiva, regulamento de empresa, laudo arbitral ou qualquer prática nacional. Portanto, remete à autonomia das partes a solução de conflitos individuais, excluindo as reivindicações coletivas.

Em 1981, a Organização Internacional do Trabalho destaca a importância do sistema de negociação coletiva, por meio da Convenção n. 154, de 19.6.81, aprovada pelo Decreto Legislativo n. 22, de 12.5.92, e da Recomendação n. 163, dispondo ambas sobre o incremento da negociação coletiva.

A Convenção n. 154, art. 5º, alínea *e*, estatui que: "órgãos e procedimentos de solução dos conflitos trabalhistas sejam concebidos de maneira a incrementar a negociação coletiva", e o art. 6º incentiva a negociação coletiva inclusive para criação de mecanismos de conciliação e arbitragem.

7. CONCILIAÇÃO EXTRAJUDICIAL DOS CONFLITOS DE TRABALHO INTEGRANTE DO SISTEMA DE SOLUÇÕES NÃO JURISDICIONAIS — ESPANHA

7.1. Evolução Legislativa: Reforma Laboral

Na Espanha, os direitos constitucionais de negociação coletiva e adoção de medidas de prestígio à autonomia coletiva (arts. 37.1 e 2 da CE — *Constitución Española*) amparam a criação dos meios autônomos de solução dos conflitos trabalhistas. Enfatiza-se a importância da Reforma Laboral de 1994, cujo objetivo principal não foi criar mecanismos de soluções extrajudiciais, mas teve uma forte repercussão no tema. As referências legais prévias à Reforma Laboral de 1994 eram os arts. 37.1 e 2 CE, arts. 7.1 do RLDRT, 85.2 e 91 do ET (*Estatuto de los Trabajadores*). O art. 82.2 do ET previa a possibilidade de regular a paz social.

A conciliação extrajudicial é obrigatória, sendo requisito pré-processual nos conflitos individuais (art. 63 LPL — *Ley de Procidimiento Laboral*) e nos conflitos coletivos (art. 153.1 da LPL). Ademais, tais arts. facultam que os acordos interprofissionais e convênios coletivos do art. 83 ET constituam órgãos de conciliação com a mesma eficácia que a conciliação administrativa. No entanto, permaneceu a carência, no nível normativo material, de regras referentes aos procedimentos extrajudiciais.

As causas determinantes de tal carência do modelo espanhol com referência aos procedimentos extrajudiciais:[63] 1. Intervencionismo público — A lei estabelece um mínimo necessário de regras de proteção do trabalhador. Verifica-se uma alta eficácia da jurisdição, pela confiança das partes aos integrantes do Poder Judiciário, outorgando-lhes a responsabilidade pelo resultado; 2. Debilidade da autonomia coletiva, cuja carência se observa na dupla vertente: a) repercussão direta em função da escassez das cláusulas convencionais que abordem as meras declarações de princípios para o estabelecimento de um mecanismo próprio de resolução dos conflitos aplicativos do próprio convênio coletivo; b) repercussão indireta — generalizada debilidade de conteú-

---

(63) VILLALON, Jesus Cruz. *El arbitraje laboral en la Reforma Legislativa*. Valencia: Tirant lo Blanch, 1995, pp. 13-20.

dos negociados, que outorga menor relevância aos próprios procedimentos privados de interpretação e aplicação do convênio. Quer dizer, predomínio da visão individualista; 3. Desconfiança dos protagonistas. Por parte dos sindicatos, o motivo quita o fator de pressão pela opção que tenha que fazer pelos mecanismos extrajudiciais. Por parte dos empresários, submissão a terceiros que não têm qualidade técnica de juízes. Do ponto de vista judicial, resistência na função do direito a tutela efetiva (art. 24.1. da CE) e da administração laboral que tem receio de uma perda do protagonismo; 4. Insuficiência da normativa reguladora dos procedimentos extrajudiciais.(64)

O propósito principal da Reforma Laboral de 1994 (Leis ns. 10, 11, 14/94) não foi a regulamentação dos sistemas extrajudiciais dos conflitos de trabalho. Isto pode explicar sua falta de qualidade técnica, apresentando normas inacabadas.

O Conselho Econômico e Social, após o debate realizado perante a Comissão de Relações Laborais, Emprego e Seguridade Social, por meio do pleno adotou, em sua sessão de 19 de outubro de 1994, o Informe no qual reconheceu as deficiências da reforma.(65) Recomenda o Informe a utilização da expressão "procedimento autônomo" de solução extrajudicial dos conflitos, referindo-se aos procedimentos alternativos ao processo e aos meios de solução diferentes da sentença. Ocorre que tal terminologia é insuficiente, pois excluem os conflitos que recaem sobre interesses das partes, cuja solução não poderá ser deferida à atividade judicial.

Não se pode deixar de considerar que a Lei n. 11/94 criou mecanismos para potencializar as soluções extrajudiciais, harmonizando seus resultados com a normativa estatal e com a jurisdição laboral, que representa um avanço considerável.(66) *É importante destacar o papel do*

---

(64) No mesmo sentido, "o sistema espanhol apresenta a) excessiva judicialização de solução dos conflitos jurídicos individuais ou coletivos b) inexistência de soluções eficazes para os conflitos de interesse, c) escasso êxito dos procedimentos extrajudiciais de origem estatal." SALAS FRANCO, Tomas; ALFONSO MELLADO, Carlos L. *Los Procedimientos Extrajudiciales de Solución de los Conflictos Laborales establecidos en la Negociación Colectiva.* Valencia: Tirant, 1996, pp. 16-25.

(65) CASAS BAAMONDE, Maria Emília. "El arbitraje en la reforma", R. Laborales, ocutubre 1993, p. 1, e Medios Autónomos de Solución de los Conflictos Laborales", pp. 61-62. *In La Solución Extrajudicial de los Conflictos Laborales*. Junta do Castilla y León Opina también Carmen Piqueras Piqueras que "a intensa e extensa reforma da normativa laboral efetivada pelas Leis ns. 10, 11, 14/94 não teve como objetivo prioritário o reforço dos sistemas de solução extrajudicial de conflitos laborais. Conseqüentemente, o resultado obtido é de intercomunicação entre os distintos preceitos que resultam modificados nesta matéria, de aí que sua interpretação pranteie dúvidas, problemas e interrogantes não sempre fáceis de resolver. *Op. cit.*, p. 31.

(66) SALAS FRANCO, Tomas. "Los medios extrajudiciales en la Ley 11/1994". *Cuaderno de Derecho Judicial Conflictos Colectivos*. Consejo General del Poder Judicial, octubre de 1994. Valencia, p. 148.

Estado nos mecanismos extrajudiciais, pois não se produziu sua retirada completa; a ele lhe corresponde estabelecer o marco jurídico que garante a efetividade destes procedimentos, assegurando a força obrigatória de suas soluções, assim como a habilitação de fundos públicos para sustentar o sistema extrajudicial.[67]

É importante uma análise mais minuciosa do conteúdo da Reforma Laboral e de suas características. A primeira observação do texto normativo é "sua dispersão formal, e certa desconexão material". Encontramos artigos com nova redação no ET (*Título I y III*) nas Disposições Adicionais da LPL. Existe protagonismo o Título III ET, especialmente do art. 91. No entanto, o legislador de 1994 deixou claro o importante papel da negociação coletiva, para regular os procedimentos extrajudiciais.

Portanto, a negociação coletiva é o "centro de gravidade", e a nossa ordenação tem "caráter aberto".[68] Ademais, houve uma extensão dos meios extrajudiciais no âmbito até agora excluídos (arts. 40, 41, 47 e 51 ET).

Em função de sua importância, destacamos as controvérsias na interpretação do art. 91 do ET. Tal artigo contém a regulação mais geral, substantiva e com incrustações processuais, com aplicação aos procedimentos de mediação e arbitragem.

Existem quatro pontos a destacar: a) atribuição aos acordos obtidos na mediação e aos laudos arbitrais de eficácia jurídica e equiparação a convênios coletivos; b) aplicação de normas processuais de impugnação dos convênios coletivos; c) adição da falta de observância por parte do desenvolvimento da atividade arbitral dos requisitos e formalidades estabelecidos ao efeito da resolução pelo laudo arbitral; e, d) extensão dos procedimentos aos conflitos individuais com submissão expressa.[69]

É importante destacar que tal dispositivo menciona como instrumentos extrajudiciais a mediação e a arbitragem. A mediação tem efeitos equiparados à conciliação. Com relação à tipologia dos conflitos que podem se submeter a estes meios, o texto legal fala de "conflitos jurídicos", mas é possível sua ampliação para os conflitos coletivos de interesse por negociação coletiva e para os conflitos individuais por submissão expressa das partes. "A exclusão da via judicial, portanto, se

---

(67) CASAS BAAMONDE, Maria Emilia. "Los Procedimientos Autónomos de Solución de los Conflictos Laborales en el Derecho Español". *In Solución Extrajudicial de Conflictos Laborales*. Fundación SIMA, 2001, p. 51.

(68) REY GUANTER, Salvador. "Los medios extrajudiciales en la Ley n. 11/1994". *In Cuaderno Judicial*, octubre 1994, p. 150.

(69) CASAS BAAMONDE, Maria Emilia. *El arbitraje..., cit.*, p. 61.

faz pelos próprios afetados, não se admitindo a respeito uma eventual imposição pela autonomia coletiva."[70]

7.2. Conciliação como Pressuposto Processual

O processo laboral espanhol apresenta dupla instância conciliatória: a primeira, ante o serviço administrativo ou ante o órgão que assume estas funções (acordos interprofissionais e convênios coletivos), e a segunda ante o órgão jurisdicional. O art. 63 LPL fixa a obrigatoriedade da conciliação prévia nos conflitos individuais e, por sua vez, o art. 154.1 LPL estabelece a mesma obrigatoriedade para os processos coletivos do trabalho. A primeira conclusão a que podemos chegar é a de que os conflitos coletivos de interesse não estão incluídos, *a priori*, em tal exigência, já que não se submetem ao processo coletivo. Entretanto, tal exigibilidade pode vir da negociação coletiva, que é o instrumento eficaz para solucionar tais conflitos.

A análise da conciliação como pressuposto processual deve considerar que tal requisito pode ser apreciado de ofício pelo juiz ou por alegação da parte. Na fase da admissão da demanda, o juiz deve verificar se esta acompanha a certificação do ato de conciliação prévia; no caso de ausência de tal certificação, o juiz admitirá provisoriamente a demanda e concederá um prazo de quinze dias para que seja sanado tal defeito (art. 81.2 LPL). Resta uma reflexão sobre o tema, pois a ausência de juntada de tal documento pode ser devida à simples falta de apresentação do documento, ou porque não houve intento conciliatório. Entendemos que o disposto no art. 81.2 LPL se aplica em ambas situações, devendo o demandante sanar tal falta para evitar o arquivamento da demanda (art. 54 e 72 LPL).

Na hipótese de que a demanda tramite sem que o juiz tivesse verificado a ausência do não-cumprimento do trâmite da conciliação prévia e sem que nem sequer houvesse alegação da parte contrária, entende-se que tal processo permanecerá com vício, e a sentença poderá ser atacada pela via recursal. Para que a infração processual seja causadora do cerceamento de defesa é necessário o protesto (arts. 189.1 e 191, ambos LPL), pois o legislador não deu à conciliação o tratamento de "requisito de ordem pública processual", já que para ser causa da suplicação tem que ter havido o protesto.[71] A admissão do recurso de cassação por omissão do intento de conciliação também é controvertida, não se enquadrando na previsão contida no art. 204 LPL.[72]

(70) REY GUANTER, Salvador. *Op. cit.*, pp. 155-157.
(71) ROMERO PRADAS, Maria Isabel. *Op. cit.*, p. 86.
(72) Esse foi o entendimento da Sentença TS 2470 (4 febrero de 1994).

Outro aspecto controvertido do tema é em relação à possibilidade, ou não, de estabelecer pela negociação coletiva trâmites preceptivos ao processo. A sentença STC n. 217/91 estabeleceu entendimento no sentido de que a negociação coletiva pode criar e ordenar procedimentos autônomos de solução dos conflitos trabalhistas e, ao fazê-lo, determinar seu caráter voluntário ou preceptivo. Quer dizer, em tal sentença se avaliou a exigência de submissão às comissões paritárias com caráter preceptivo, o que foi considerado em perfeita harmonia no texto constitucional. A obrigatoriedade não gera problemas, sempre e quando resta assegurada a possibilidade de recorrer ao Poder Judiciário.

Um tema conexo à obrigatoriedade é a apreciação de sua conformação com o direito da tutela judicial efetivo consagrado no art. 24.1 CE. A ausência do efetivo entendimento do conceito de tutela judicial é o motivo principal da atitude receosa das partes em aceitar os procedimentos extrajudiciais em função do modelo espanhol notoriamente judicial. Argumentam que tais fórmulas "recortam o princípio de exclusividade da jurisdição ou atrasam a futura resposta aos tribunais; em outros termos, comprometem o direito de exigir a tutela judicial ou a garantia de um processo sem dilações indevidas".(73)

Desse modo, verifica-se que na Espanha, houve a compatibilidade reconhecida pela doutrina judicial dos direitos constitucionais de tutela efetiva (24.1 CE) e da autonomia coletiva (art. 37.1 e 37.2 CE). Sem dúvida tal posição jurisprudencial, destacada especialmente pela sentença STC n. 217/91, representa um grande fator de desenvolvimento dos procedimentos extrajudiciais, inclusive por garantir à negociação coletiva a possibilidade de fixar como trâmites preceptivos os procedimentos extrajudiciais com relação ao processo.

A jurisprudência da Corte Suprema Italiana também se manifestou em igual sentido ao admitir a harmonia do direito à tutela efetiva com os instrumentos extrajudiciais.

O Brasil, todavia, não se encontra na mesma situação. A Lei n. 9.958/00 está pendente de invocação de inconstitucionalidade, pelo argumento de que a obrigatoriedade de se submeter à conciliação extrajudicial contraria o direito à jurisdição ou à tutela efetiva. Mesmo considerando a urgência do tema, o Supremo Tribunal Federal brasileiro permanece desde meados de 2000 e, até o momento, sem julgar as referidas demandas.

---

(73) VALDES DAL-RÉ, Fernando. *Tutela judicial y autotutela colectiva*. Febrero 1992, p. 34.

7.3. Conciliação Administrativa

Por meio do Real Decreto-Lei n. 5, de 26 de janeiro de 1979, foi criado o *Instituto de Mediación, Arbitraje y Conciliación* — IMAC, que se constitui como órgão autônomo e dependente do "Ministerio del Trabajo y Asuntos Sociales". O IMAC passou a exercer funções de celebração de atos conciliatórios, que com anterioridade eram realizados pelos órgãos sindicais até março de 1978 (Juntas de Conciliação — preceptivas do ato de conciliação). A partir de janeiro de 1996, e de acordo com o art. 9.3.2ª do Real Decreto n. 1.888, de 2 de agosto de 1996, as Comunidades Autônomas absorveram as funções de Direção Geral do Trabalho, passando a ser denominado *Servicio de Mediación, Arbitraje y Conciliación* — SMAC.

A submissão a tal órgão administrativo é obrigatória aos conflitos individuais (art. 63, LPL). Com relações aos conflitos coletivos, existe igual obrigatoriedade (art. 153.1, LPL), mas há possibilidade de que nas respectivas comunidades autônomas existam acordos dentro das categorias profissionais ou estejam dentro do ASEC (Acordo de âmbito estatal), quando a conciliação a nível autonômico vem a substituir a administrativa.

No entanto, nada impede que exista um órgão autonômico criado pela negociação coletiva para solucionar os conflitos individuais, que terá o mesmo efeito de seu substituto da conciliação administrativa. A maior incidência verifica-se nos conflitos coletivos.

A regulação administrativa opera-se pelo Real-Decreto n. 2.756/79, já que a conciliação estabelecida pelo convênio ou acordo interprofissional vem regulada neles. O procedimento começa com a *solicitud de conciliación*, que também é denominada demanda ou papeleta de conciliação, cujo conteúdo está no art. 6º do RD n. 2.756/79. A petição apresenta-se ante o órgão competente, para que possa ter efeito de suspender o prazo da decadência (art. 59, § 3º do ET).

O art. 5.1, do RD n. 2.756/79, fixa como órgão competente o "do lugar da prestação dos serviços ou domicílio dos interessados, a eleição do solicitante". Se a petição contém algum defeito, concedem-se dez dias para que o solicitante sane qualquer falta e, no caso de não atender tal exigência, será arquivada.

Existe uma relação de correspondência ou congruência entre a papeleta e a demanda, quer dizer, tem de haver uma identidade de objeto e de sujeitos para que se considere cumprida a exigência. Na demanda, não se pode alegar fatos distintos dos aduzidos na conciliação prévia, salvo se houvesse produzido com posterioridade à apresentação daquela (art. 80.1.c da LPL).

No entanto, a doutrina interpreta tal preceito com certa flexibilidade: "Sempre será possível que na demanda se peça menos do que o solicitado na conciliação prévia e incluso, como se pôs de manifesto a jurisprudência poderia se pedir, mas se mantém a causa de pedir. Em qualquer caso, a adição de fatos posteriores permitida pelo art. 80.1.c nunca pode ser determinante de uma mudança na pretensão, se referindo a direitos complementares dos aduzidos na petição."(74)

7.4. *Efeitos da Apresentação*

Os efeitos da apresentação da *papeleta de conciliación* são a interrupção da prescrição e suspensão da caducidade, segundo art. 65.1 de LPL. O texto legal estabelece que "o cômputo da caducidade retornará ao dia seguinte de haver intentado a conciliação, ou transcorridos quinze dias desde sua apresentação sem que haja celebrado o intento conciliatório".

Existem controvérsias na determinação do início do prazo, pois existem entendimentos de que a suspensão do prazo de decadência se inicia no mesmo dia de apresentação da "solicitude" e não no dia seguinte (art. 65.1 LPL).(75)

7.5. *Celebração do Ato de Conciliação*

O art. 9º do RD n. 2.756/1979 fixa o procedimento para a celebração do ato de conciliação. Primeiro, observa-se que os interessados podem comparecer por si mesmos ou por meio de representante (art. 9º, II RD). A falta de comparecimento do solicitante significa o não-cumprimento da obrigação de apresentar a papeleta e se arquivará todo o autuado (art. 66.2, LPL). Tal conseqüência opera-se quando houver a efetiva citação do solicitante.

Entretanto, se o demandante alega e comprova a justa causa para sua ausência (art. 11, III, do RD n. 2.756/1979), haverá nova designação em dias úteis. Normalmente, a alegação do impedimento deve ocorrer antes ou no momento do ato conciliatório. No entanto, quando é impossível demonstrar o fato que causou a ausência, existem argumentos para sustentar sua alegação em momento posterior. Se houver a ausência da outra parte, se terá a conciliação tentada sem efeito.

---

(74) PADRAS ROMERO, Maria Isabel. *La concilación en el Proceso Laboral*. Valencia: Tirant Monografiás, 2000, pp. 143-144.
(75) *Op. cit.*, p. 155.

Em tal situação, o juiz apreciará a temeridade e a má-fé (art. 66.3 LPL). Ademais, é obrigatória a presença do demandado para que possa oferecer Reconvenção (art. 85.2 LPL). Portanto, podemos classificar os seguintes efeitos do ato de conciliação ou de sua omissão: a) Conciliação omitida — se o juiz não cumpre o disposto no art. 81.2 LPL e deixa de fixar prazo para que o demandante prove haver intentado a conciliação, sob pena de arquivamento da demanda, o processo contém vício, havendo possibilidade de impugnação por meio de suplicação por infração de normas ou garantia do procedimento (art. 191, a LPL; b) Conciliação frustrada — por ausência do demandado, a sentença deve apreciar se houve ou não má fé e aplicar a respectiva sanção (art. 66.3 e 97. 3 LPL); c) Conciliação intentada — se houver concordância no intento conciliatório, o demandante apresenta a ação e o processo ficará sem objeto. O acordo tem força executiva, no caso que não seja cumprido voluntariamente (art. 68 LPL) e não depende de ratificação do Juiz.[76] Quer dizer, a partir da LPL de 1990, não tem dúvida com relação ao tema dos efeitos da conciliação prévia, pois houve uma equiparação perante a conciliação judicial e extrajudicial.

7.6. Exclusões

O art. 63 de LPL estabelece a obrigatoriedade da conciliação prévia, enquanto o art. 64 LPL fixa as exceções. É uma enumeração fechada, cuja interpretação tem que ser restritiva. A norma do art. 64 LPL não proíbe a conciliação, somente excetua o requisito da conciliação prévia, enquanto no art. 460 LEC são hipóteses de proibição.[77] É im-

---

(76) ALONSO OLEA, Manuel; MIÑANBRES PUIG, César; ALONSO GARCIA, Rosa Maria. *Derecho Procesal del Trabajo*. 9. ed. Madrid: Civitas.

(77) PRADAS ROMERO, Ma. Isabel. *Op. cit.*, p. 96. "A princípio, a LPL não proíbe a conciliação prévia, mas somente exceptua uma série de hipóteses de tal requisito. Neste sentido, diferencia-se de forma clara o art. 64 LPL e do art. 460 LEC, já que neste último se proíbe a conciliação nas hipóteses em que o legislador determinou que a transação estava proibida, visto que a conciliação com avença se resolve normalmente em uma trasação, de maneira que quando esta não é possível por impedimento da própria lei, não tem sentido permitir o ato de conciliação, o art. 64 LPL, por sua vez e segundo dizíamos, atende a razões diversas para excluir determinados processos do requisito da conciliação prévia." Se destacam também as palavras de *Ana María Chocrón Giráldez* e *Mercedes Llorente Sánches-Arjona, in* "Notas sobre la conciliación prévia en el âmbito laboral". *Doctrina-Secretarios Judiciales*, n. 25, marzo 2000, Sevilla: "A razão de excluir o intento de conciliação nestas hipóteses se deve diversos motivos: Assim, os primeiros supostos a exigência do trâmite da reclamação administrativa prévia que resulta incompatível com a conciliação. Com relação aos processos de férias, matéria eleitoral e liberdade sindical, o motivo iremos encontrá-lo em seu caráter urgente e preferencial.

portante observar que não tem denominador comum nas razões para incluir cada hipótese em um dos pressupostos do art. 64 LPL. Entretanto, existem relações entre alguns deles.[78]

As exceções contempladas no art. 64 LPL são:

A) Reclamação Prévia na via administrativa. Para que a Administração seja demandada, há o requisito de o demandante haver reclamado previamente na via administrativa. É errônea a idéia de que conciliação e reclamação prévia constituem trâmites equivalentes. Entretanto, não se deve deixar de considerar que a conciliação prévia e reclamação prévia se encontram no capítulo da "evitación del proceso" e, caso tenham resultado positivo, tornam desnecessário o processo. A intenção do legislador ao estabelecer tal prerrogativa à Administração é para que tenha a possibilidade de resolver diretamente o litígio, evitando o processo. Igualmente se exclui a conciliação prévia quando a administração é co-demandada com outras pessoas privadas (art. 64.2, *a*, LPL). Assim como, quando a Administração é a demandante, segundo art. 460.1 LEC, que é aplicável por caráter suplementar;

B) Processos sobre Seguridade Social. Tal exclusão encontra motivo em função da natureza da matéria sobre o que versa estes processos, quer dizer, as prestações de seguridade social. Tem razão *Romero Pradas* ao afirmar que tal exceção é ociosa, quando a parte Demandada for uma Entidade Gestora ou Tesouraria Geral da Seguridade Social, pois se tratam de entes públicos, que se submetem a reclamação prévia;[79]

C) Processos relativos ao gozo de férias. O fundamento de tal exceção é a urgência na fixação da data do gozo de férias, cuja conciliação prévia a desvirtuaria;[80]

D) Matéria eleitoral. Tal exceção também encontra fundamento na urgência da tramitação. Ademais, o resultado eleitoral não é matéria disponível de transação. A Reforma Laboral pela Lei n. 11/1994 alterou a redação do art. 76 ET, a qual fixa um procedimento arbitral para as reclamações eleitorais;

No que se refere aos seguintes (processos sobre impugnação de convênios e estatutos sindicais, a razão iremos encontrar no fato de estarmos tratando de uma questão de ordem pública, que nao resulta transigível. Finalmente, nos processos iniciados de ofício, a razão de sua exclusão encontramos na limitação de disponibilidade das partes sobre o litígio que, inclusive, pode continuar de ofício sem sua assistência."

(78) PRADAS ROMERO, M. Isabel. *Op. cit.*, p. 95.

(79) *Op. cit.*, p. 108.

(80) O art. 126 LPL estabelece que "o procedimento será urgente e se dará tramitação preferente."

E) Processos iniciados de ofício. Tal exclusão deriva da indisponibilidade do objeto. Quer dizer, o interesse público que envolve a pretensão que se submete ao conhecimento dos tribunais;[81]

F) Processo de impugnação dos convênios coletivos. Tem uma clara contradição entre os arts. 154.1 LPL que exige a conciliação nos processos coletivos e o disposto no artigo, cuja única explicação é a celeridade;

G) Processos de impugnação dos Estatutos dos Sindicatos, por ser indisponível a matéria, pois se discute princípio da legalidade, cujo direito é indisponível;

H) Processos de tutela da liberdade sindical e demais direitos fundamentais, (art. 53 CE y 175 a 177 LPL). A LPL estabelece um procedimento próprio para esse tipo de demanda, com tramitação urgente, sendo incompatível com a conciliação prévia;

I) Iniciado o processo, se constate que teria que apresentar demanda contra outra pessoa. Portanto, justifica-se a exclusão em função do princípio da economia processual;

L) Questões litigiosas entre as Cooperativas de Trabalho associadas e seus sócios trabalhadores. Tal exclusão não está prevista no art. 64 LPL, e o art. 126 LGC e a jurisprudência as excluem, pois essa demanda tem procedimento especial.[82]

7.7. Conciliação — Nível Autonômico

No nível das Comunidades Autônomas se produziu uma nova via de penetração dos procedimentos privados de solução, por meio da celebração de diversos acordos interprofissionais entre os sindicatos, que adotam a forma do art. 83 do ET. O âmbito territorial dos acordos autonômicos é limitado e estabelece sistemas diferenciados. Sem dúvida, dois são basicamente os fatores que favoreceram a efetividade dos procedimentos fixados nas Comunidades Autônomas: 1) a estrutura descentralizada da negociação coletiva; 2) a posse da Administração Laboral, com marcada disposição a colaborar. Normalmente, a colaboração opera-se por acordos entre a Administração Pública e as partes, com compromisso de financiamento por "subvenciones públicas".[83] Substituem a conciliação administrativa, com os efeitos dos arts. 63 da

(81) *Op. cit.*, p. 115.
(82) *Op. cit.*, p.125.
(83) No mesmo sentido, destaca-se "Assim, o fato de que estes procedimentos resolutórios tenham sua origem nas Comunidades Autônomas chamadas 'históricas' proporciona um dado que nada 'desdeñable'. Nesses âmbitos territoriais influiu, sem

LPL (conflitos individuais) e 154 da LPL (conflitos coletivos). Os acordos têm força executiva, segundos os arts. 68 da LPL (conflitos individuais) e 154.2 (conflitos coletivos).(84)

7.7.1. Análise Específica

Para poder apreciar um modelo global, analisou-se os acordos de quatro comunidades autônomas, caracterizadas por elementos de similitude e elementos de divergência: País Vasco, Catalunha, Andaluzia e Madri. As quatro comunidades escolhidas para realizar estas análises se diferenciam com relação aos conflitos individuais, pois alguns excluem, outros não incluem expressamente (País Vasco) e outros se aplicam (Catalunha, Madri).

O País Vasco foi escolhido por ser a primeira comunidade em que se estabeleceram acordos interprofissionais, e Catalunha por oferecer um acordo paradigma para as outras comunidades.

Um último bloco fixa no próprio acordo a necessidade de estender sua aplicabilidade aos conflitos individuais (Andaluzia). Alguns se aplicam expressamente aos empregados da Administração Pública (País Vasco e Andaluzia) e outros são omissos sobre o tema. Enfatizamos

---

dúvida, a força derivada da implantação sindical e associativa dos empresários em tais níveis, assim como o interesse público das instituições e poderes sociais que, ante a limitação constitucional de competência em matérias de legislação laboral, pretendem gerar e reforçar, por outras vias, o que se deu a chamar 'marco autónomo de relaciones laborales', reavivado com a reforma de 1994. PIQUERAS PIQUERAS, Carmen. *Op. cit.*, p. 41.

(84) É importante destacar a seguinte observação: "Portanto, os arts. 63 e 154.1 LPL habilitam para o estabelecimento deste trâmite de conciliação, se denomine como se denomine, em todos os "conflictos justiciables". Um problema adicional é o que ocorre quando coexistem um órgão de conciliação convencional e outro administrativo. Na minha opinião não cabe deduzir dos arts. 63 e 154.1 LPL que as partes são livres para acudir a um ou a outro, sem que tenha que analisar se o órgão de origem convencional tem atribuídas algumas funções conciliatórias que resultem obrigadas, conforme o Acordo que o instaura, para as partes em litígio. Neste caso, deverão acudir a ele, e não ao órgão administrativo: o contrário geraria a perda da eficácia vinculante dos convênios que a Constituição ordena a lei garantir (art. 37.1 CE) e que efetivamente está garantida entre outros no art. 82.3 ET. A alternativa que oferece a LPL é a possibilidade de que existam um ou outro órgão, ou ambos com repartição de funções ou incluso, se assim dispõe o Acordo de criação convencional, que exista liberdade das partes para recorrer a um ou a outro, mas não ampara, desde logo, vigente convencionalmente uma obrigação para as partes de recorrer a um órgão em concreto, possa também recorrer ao outro. ALONSO MELLADO, Carlos. "Diez Años de Experiencia de Sistemas Extrajudiciales de Solución de los Conflictos Surgidos de la Autonomía Colectiva: Realidad Actual. Jornadas sobre Derecho Colectivo". Marzo 2003. *Servicio de Formación Continua de la Escuela Judicial*, p. 9.

também suas diferenças, ressaltando que, em toda Espanha, unicamente Astúrias não tem Acordo Interprofissional em matéria de procedimentos extrajudiciais.

A) País Vasco

Em 1984, firmou-se o primeiro acordo sobre procedimentos voluntários de resolução dos conflitos de trabalho no âmbito da Comunidade Autônoma de País Vasco, denominado PRECO, com vigência até 1987. No período de 1987 a 1989, fez-se um vácuo, visto que somente no final do ano de 1989 negociaram o segundo PRECO. Em junho de 1990, foi celebrado um segundo acordo (PRECO II).

Após amplo debate, em 16 de fevereiro de 2000, as organizações sindicais ELA — Solidariedad de Trabajadores Vascos, CCOO — Comisiones Obreras, LAB — Lapurde Banexaberre Iberica, e UGT — Unión General de Trabajadores e a organização empresarial CONFEBASK — Confederación Emppresarial Vasca, firmaram, em Bilbao, "Acuerdo interprofesional sobre procedimientos voluntarios para la solución de conflitos laborales — PRECO".

O Acordo encontra fundamento no art. 83.3 do ET, tendo eficácia geral em todo seu âmbito territorial sobre todos os empresários, trabalhadores, suas representações e organizações sindicais e empresariais; sendo que o PRECO II aplica-se aos setores da Administração Pública.

O Acordo foi firmado por tempo indefinio, sendo que com intervalo de quatro anos, cada organização signatária poderá efetuar sua denúncia com prazo de antecedência de seis meses.

A interpretação e aplicação do Acordo serão efetivadas por uma comissão paritária integrada por membros representantes de cada entidade signatária, a qual se reunirá uma vez por ano, e adotará decisões sempre por maioria de cada parte.

O Acordo cria três procedimentos:

a) conciliação — um conciliador trata que as partes alcancem um acordo que solucione o conflito;

b) mediação — o mediador intenta que as partes cheguem a um acordo, se isto não ocorrer, apresenta uma proposta formal que cada parte aceita ou rechaça;

c) arbitragem — o árbitro dita um laudo vinculante, baseado em Direito ou Eqüidade.

O Acordo prevê como objeto dos procedimentos:

a) conflitos coletivos de toda classe; e

b) discordâncias nos períodos de consulta.

As conciliações ou mediações desenvolvidas com fundamento no Acordo substituem o intento de conciliação perante órgão administrativo, de que trata o art. 154.1 da LPL.

Para atuar nos procedimentos, foi constituído um Colégio de Mediadores e outro de Árbitros, o qual está composto por profissionais nomeados por acordos unânimes das organizações firmantes, cuja lista será atualizada anualmente.

A solicitação do procedimento deverá ser feita por escrito e apresentada na sede correspondente do Conselho, que é o órgão gestor. Deverá conter expressamente o tema discutido, o coletivo afetado e o respectivo âmbito territorial e a identificação dos sujeitos legitimados.

A pessoa responsável da sede convocará os sujeitos legitimados a um encontro de conciliação com data imediata. Tal fase serve como um filtro, caracterizando-se por uma modalidade especial, inexistente nos Acordos das outras Comunidades Autônomas.

Em tal momento, operaram tentativas para que as partes cheguem a um acordo. Caso isto não ocorra, a maioria dos trabalhadores e empresários afetados pelo conflito poderá decidir que o procedimento continue, seja como conciliação, seja como mediação.

O comparecimento ao encontro anteriormente mencionado é obrigatório para o solicitante e para a outra parte. A ausência injustificada do solicitante leva o arquivamento do pedido.

A designação do conciliador, mediador ou árbitro ocorrerá pela maioria dos representantes de cada parte. Se não houver acordo, será apresentada uma lista ímpar de profissionais, sobre a qual as partes descartam nomes alternativamente até o momento que reste apenas um. É facultada às partes a designação de assessor para acompanhamento.

As práticas de conciliação e de arbitragem deverão finalizar-se no prazo máximo de quinze dias úteis e a mediação em vinte dias úteis, contados da designação do profissional. O mediador e o árbitro terão respectivamente prazo de sete dias para formular proposta de mediação ou laudo arbitral, concedendo-se às partes o prazo de cinco dias para se manifestarem a respeito; sendo que o silêncio importará em concordância.

Por acordo da maioria de ambas as partes, poderá ser decidida a ampliação dos prazos do procedimento pela metade de sua duração.

Igualmente, poderá estabelecer-se uma redução, de acordo com o conciliador, mediador ou árbitro.

Em casos excepcionais, as partes poderão requerer à pessoa responsável na sede territorial a suspensão do prazo, que será deferido em casos restritos.

Para os efeitos do Acordo, são considerados dias úteis os dias laborais, exceto os sábados.

O custeio das despesas dos procedimentos decorre de *Subvenciones* concedidas pelo Poder Público, que são pressupostos concedidos anualmente, pelo *Conselho de Relaciones Laborales*, instituição criada pela Lei do País Vasco n. 9/1981. Vale ressaltar que o procedimento é totalmente gratuito às partes.

O procedimento poderá ser encerrado por acordo ou pelo transcurso do prazo máximo mencionado. No caso da arbitragem, inexistindo acordo, o árbitro emitirá laudo arbitral, o qual estará sujeito a recurso ante um tribunal de três árbitros. Tal recurso será prévio à impugnação judicial.

B) Catalunha

O "Acuerdo Interprofisional" da Catalunha foi subscrito por "Fomento del Trabajo Nacional" e pelos Sindicatos Comisiones Obrera — CCOO e Unión General de Trabajadores — UGT. O Acordo será de aplicação na totalidade do território da Catalunha, abrangendo as organizações empresariais e sindicais, bem como seus afiliados de âmbito pessoal, entrando em vigor a partir de 12 de maio de 1992, e será finalizado em 31.12.92, prorrogando-se a partir de tal data, de ano em ano, enquanto não houver denúncia expressa de alguma das partes.

Foi criado, também o Tribunal Laboral de Conciliação, Mediação e Arbitragem, que possui natureza jurídica de Fundação, o qual percebe uma subvenção anual do Poder Público, sendo os procedimentos inteiramente gratuitos às partes.

Em 9 de maio de 1994, foi criada a "Comisión de Técnicos de Organización del Trabajo del Tribunal Laboral de Catalunya", cuja função é a análise e estudos dos temas solicitados pelos mediadores e árbitros.

Dentro da linha de aprimoramento das atividades, estabeleceram a *Comisión Técnica de Economia y Finanzas*, com finalidade de resolver os aspectos econômicos e financeiros de uma empresa, ou de um setor determinado. Atua, também, para cláusulas de desvinculação salarial prevista em Convênios Coletivos, bem como por transferências, alterações das condições de trabalho, suspensão do contrato e despedida coletiva fundamentada em razões econômicas.

O Tribunal Laboral tem composição paritária, inexistindo a participação da Administração Pública. É objeto do exercício das funções de conciliação, mediação e arbitragem dos conflitos coletivos, assim como dos conflitos individuais.

No que tange aos conflitos individuais, o próprio Acordo no item 3.3.c determina a necessidade de adaptações para regular o exercício dos procedimentos alternativos nos futuros acordos, mediante adaptação e regularização da atual legislação vigente na matéria. Portanto, estão excluídos os conflitos individuais que regem o regime jurídico disciplinário (*sanciones, despidos, reclamaciones de cuantidad y tutela sindical*). Para os efeitos do Acordo, consideram-se dias úteis, de segunda à sexta-feira, exceto dias festivos, sendo o mês de agosto inábil para todos os efeitos.

O Sistema da Catalunha está baseado na voluntariedade, sendo que 90% dos acordos setoriais estão submetidos ao Tribunal Laboral; quando o conflito envolve partes não submetidas ao convênio, faculta-se depois da citação a adesão voluntária.

A intervenção do Tribunal Laboral opera-se mediante escrito introdutório, onde é manifestada a vontade expressa dos trabalhadores e empresários de submissão ao convênio coletivo e cláusulas aplicáveis, contendo, também, a qualificação e identificação da empresa e dos trabalhadores afetados no conflito, exposição dos fatos que motivaram o conflito e assinatura das partes.

Após a apresentação do requerimento introdutório, ocorrerá a citação das partes envolvidas, no conflito por mensageiro, sendo designada data, hora e local para a tramitação da conciliação, mediação e arbitragem, no prazo de cinco dias úteis. Tal ato de conciliação poderá ter sua data alterada por acordo de ambas as partes.

A assistência das partes ao ato de conciliação é obrigatória, devendo comparecer pessoalmente ou por meio de representantes com os respectivos poderes. A ausência de uma ou de ambas as partes, sem prévia justificativa, acarretará a formalização de ata de conciliação sem efeito, e no caso de falta do solicitante, gerará o arquivamento do procedimento.

O Tribunal funciona com quatro membros nos conflitos coletivos, sendo dois representantes dos trabalhadores e dois representantes da entidade patronal, inexistindo participação da Administração Pública.

Merece destaque uma característica muito própria do Tribunal Laboral, que é o fato de que no ato de conciliação inexiste o confronto das partes; sendo que os integrantes do Tribunal trabalham com cada parte isoladamente, havendo a reunião apenas para firmar a avença.

As partes podem responder à proposta de acordo imediatamente ou solicitar prazo para ouvir a classe a que representa em assembléia. Faculta-se a possibilidade de adesão à íntegra da proposta, bem como a modificação dos seus termos por sugestão de uma ou de ambas as partes.

O procedimento é flexível, sendo que o Tribunal Laboral envida todos os esforços para a celebração da conciliação. Outra característica interessante é a de que o idioma oficial usado no Acordo é o catalão, mas possibilita à parte, que instaura o procedimento, indicar o idioma a ser utilizado entre catalão ou castelhano.

O acordo firmado em conflito coletivo tem eficácia de convênio coletivo, possuindo nos conflitos individuais trâmite pré-processual (tentativa de conciliação de que trata o art. 63 do texto da Lei de Procedimento Laboral).

Ressalta-se que nos dissídios coletivos e individuais, os acordos têm força executiva, na forma do art. 68 do texto da Lei de Procedimento Laboral vigente, inexistindo a necessidade de ratificação por juiz ou Tribunal.

Nos conflitos coletivos de interesse e/ou jurídico, assim como nos conflitos individuais, é facultada a submissão à arbitragem. A arbitragem pode operar-se de forma direta, quando as partes deliberam *ab initio* seu intento de submeter-se à decisão arbitral, firmando o respectivo convênio; ou poderá ocorrer de forma indireta, quando a mediação se converte, por mútuo consenso, em arbitragem.

Os árbitros laboram sempre em número ímpar, os quais poderão ser escolhidos da lista ou no caso de conversão da mediação em arbitragem, ocorre à transformação dos mediadores em árbitros.

Os árbitros possuem o prazo de sete dias para proferir o laudo arbitral, facultando à interrupção por no máximo vinte dias para a solicitação de documentos. O laudo arbitral poderá ser submetido à impugnação, por vício de forma ou por lesão a direitos fundamentais.

A estatística geral revela que desde a instalação do Tribunal Laboral (12.5.92 até 31.3.92) foram apresentados 3.520 expedientes (sendo 3.321 conflitos coletivos e 201 conflitos individuais). Ocorreram 19 arbitragens e 2.831 conciliações, com acordo total em 1.538 (54,38%), acordo parcial em 24 (0,85%), sem acordo (44,83%) e tramitações não efetivadas de 490 (13,92%).

Vale ressaltar a efetividade do procedimento extrajudicial na Catalunha, visto que em 1992 foram apresentados 11 procedimentos, e no ano de 2001 ocorreram 579 procedimentos; sendo que, até março de 2002, contava-se com 250 procedimentos.

C) Andaluzia

Iniciaremos falando do Sistema Extrajudicial na Andaluzia, cuja denominação é Sistema Extrajudicial de Resolución de Conflictos Colectivos Laborales de Andaluzia — SERCLA.

Os primeiros diálogos em Andaluzia para instalação de sistema de soluções extrajudiciais remontam ao ano de 1991, quando ocorreu um debate sobre a matéria no Conselho Andaluz; resultando em um informe, posteriormente, o tema incorporou-se, com caráter de compromisso, aos Acordos de Concertação Tripartida, subscritos pela *Confederación de Empresarios de Andaluzia, Unión General de Trabajadores y Comisiones Obreras e pela administração da Junta de Andaluzia.*

O Acordo para o Desenvolvimento Econômico e Social da Andaluzia, de 17 de maio de 1993, aludia à necessidade de impulsionar as negociações para efetivação de um sistema alternativo de solução dos conflitos. Em 13 de fevereiro de 1995, o Pacto Andaluz efetua um desenho concreto e estabelece as bases para ulterior criação do respectivo procedimento.

Finalmente, destaca-se que o Sistema da Andaluzia foi criado pelo Acordo "Interprofisional", subscrito em 3 de abril de 1996, pelas organizações empresarial e sindical de maior representatividade na Comunidade Autônoma (*Confederación de Empresarios de Andalucía — CEA; A Unión General de Trabajadores — UGT* e *Comisiones Obreras — COAN*) e foi desenvolvido pelo Regramento de 11 de maio de 1998, sendo elaborado pelas organizações firmantes, cuja gestão foi incumbida ao Conselho Andaluz de Relações Laborais. Assinaram como garantidores o Presidente da Junta de Andaluzia e Conselheiro de Trabalho e Indústria, já que existe a colaboração da Administração Pública de forma subsidiária.

O procedimento é inteiramente gratuito às partes, havendo um "presupuesto anual del consejo".

Tendo em vista que a origem do SERCLA é um Acordo *Interprofissional*, com efeitos *erga omnes* imediatos, implicando que sua eficácia compreende todas as empresas e trabalhadores incluídos em seu âmbito de aplicação, incluindo os trabalhadores da Administração Pública.

O *Acuerdo* versa sobre uma única matéria, isto é, o estabelecimento de um sistema de resolução extrajudicial de conflitos coletivos de trabalho da Andaluzia com aplicação imediata, inexistindo a necessidade de desenvolvimento por acordos posteriores ou de ratificação por Convênios Coletivos.

O Acordo Constitutivo do SERCLA articula-se em um preâmbulo e um corpo dispositivo: com sete Estipulações, três Disposições Adicionais e uma Disposição Transitória. O Acordo tem como principal finalidade potencializar o enriquecimento da negociação coletiva, promovendo sempre em primeira instância a atuação dos órgãos responsáveis pela administração dos convênios coletivos, de suas "Comisiones Paritárias", naquelas hipóteses em que o conflito surge como conseqüência da interpretação e aplicação do Pacto Coletivo.

No que se refere ao âmbito de aplicação, abrange as oito províncias que compõem a Comunidade Autônoma Andaluzia, com aplicabilidade a todas as empresas e trabalhadores (sendo excluídos os funcionários da Administração Pública).

O SERCLA está constituído para intervir nos seguintes tipos de conflitos:

a) interpretação e aplicação de normas jurídicas, convênios coletivos, qualquer que seja sua eficácia ou práticas de empresa;

b) conflitos econômicos;

c) conflitos surgidos no período de consulta;

d) conflitos prévios aos de greve e determinação dos serviços de seguridade e manutenção.

Vale destacar que, se o conflito versar sobre um Convênio Coletivo (modificação, aplicação, interpretação), deverá apresentar-se previamente perante a Comissão Paritária, conforme procedimentos previstos no próprio Convênio.

A estrutura orgânica do SERCLA está fundamentada na *Comisión de Conciliación-Mediación,* que é a coluna vertebral do sistema e seu órgão gestor, sobre a qual se vincula um corpo de Árbitros.

A *Comisión de Conciliación-Mediación* tem natureza colegiada e caráter bipartido, sendo formada pelas organizações diretamente implicadas na subscrição do Acordo. O número de membros é oito, distribuindo-se entre quatro representantes da organização empresarial e quatro representantes das organizações sindicais, designados diretamente por elas. Quando envolve trabalhadores da Administração Pública, esta também indicará os respectivos integrantes. Tal comissão poderá atuar no Pleno ou em Comissões integradas por quatro membros.

A sede do SERCLA é Sevilha, mas sua atuação poderá efetuar-se de maneira descentralizada, tanto em razão da matéria como em função do território das oito províncias de Andaluzia.

A Secretaria será exercida por funcionário com qualificação técnica em matéria jurídico-laboral. O SERCLA apresenta dois blocos de procedimentos, a saber:

a) conciliação-mediação; e

b) arbitragem.

O Procedimento de Conciliação-Mediação (PCM) substitui a conciliação extraprocessual de que trata o art. 154.1 da Lei de Procedimento Laboral.[85]

Os Sindicatos ou as representações unitárias dos trabalhadores, os empresários ou as associações de empresários são legitimados para iniciar o procedimento. No caso de conflitos cujo objeto constitui a greve, estão legitimados também os sujeitos que convoquem a greve, os empresários afetados ou Comitê de Greve.

As partes podem comparecer por si mesmas ou por representantes, mediante poderes previamente outorgados por escrito ou concedidos perante a Secretaria do SERCLA.

O Procedimento é instaurado por meio de um escrito introdutório, com a identificação do objeto do conflito, legitimação e representação das partes, a ser apresentado perante sede central em Sevilha ou nas *Delegaciones Provinciales de la Consejeria de Trabajo.* Caso contenha alguma incorreção, a parte requerente disporá de cinco dias úteis para saná-la, sob pena de arquivamento.

Existe uma flexibilidade grande no procedimento, podendo a Presidência do SERCLA designar quantas audiências que entendam necessárias. Vale ressaltar que a ausência injustificada das partes leva o arquivamento do procedimento. Contudo, na hipótese da existência de vários interessados, o procedimento prossegue com âmbito reduzido às partes presentes.

A duração total do procedimento não poderá exceder 25 dias úteis, salvo se as partes estabeleçam outra coisa. O referido procedimento será concluído com: a) acordo das partes sobre o tema de fundo; b) sem acordo material das partes, mas com o compromisso de submeter a questão à arbitragem; c) declaração que tentaram a conciliação, que resultou sem efeito (conclusão automática) ou sem avença (conclusão sem acordo expresso).

---

(85) Artigo 151.1 Será requisito necessário para a tramitação do processo a tentativa de conciliação perante o serviço administrativo correspondente ou perante os órgãos de conciliação que possam ser estabelecidos através de acordos interprofissionais e os convênios coletivos a que se refere o art. 83 do texto refundido da Lei do Estatuto dos Trabalhadores.

A apresentação do pedido de instauração do procedimento gera a interrupção da prescrição ou suspensão da decadência nos términos previstos no art. 4.2 do Regramento SERCLA e art. 65.1 da Lei de Procedimento Laboral (LPL).

No procedimento de conciliação-mediação em período de consultas, os prazos gerais são reduzidos à metade.

Os Acordos obtidos no PCM terão eficácia de Convênio Coletivo, conforme arts. 154 e 158 da LPL, possuindo a mesma eficácia dos acordos alcançados no exercício do direito de greve. No caso dos acordos decorrentes de conciliação prévia ao processo, terão eficácia executiva, na forma do art. 68 da LPL.

A submissão dos procedimentos de solução extrajudicial de conflitos individuais está contemplada no SERCLA, por meio do qual as partes se comprometem a estudar os mecanismos para ampliação do sistema às questões litigiosas de alcance individual. Vale ressaltar que o *V Acuerdo de Concertación Social de Andaluzia*, de 23 de maio de 2001, com vigência até à legislatura de 2004, estabelece o compromisso das partes de introduzir a nível experimental o sistema de mediação e arbitragem nos conflitos individuais, estudando a natureza dos conflitos a serem abordados pelo sistema.

Desde o início de sua atuação em 1999, já tramitaram pelo SERCLA um total de 1.363 conflitos coletivos de trabalho, que afetaram um conjunto de 146.329 empresas e 1.425.548 trabalhadores.

A duração média dos conflitos em tramitação perante o SERCLA é de 7,3 dias, desde a apresentação até a celebração do ato perante a comissão de conciliação-mediação.

Os dados estatísticos revelam o êxito do SERCLA, já que no ano de 1999 foram apresentados 299 expedientes; em 2000, 488 expedientes; e, em 2001, 576 expedientes. Ressalta-se que os conflitos coletivos que têm origem na negociação e aplicação dos convênios coletivos representam 41,49% do total de expedientes apresentados perante o SERCLA.

O procedimento de conciliação-mediação prévio à via judicial representou 53% do total, seguindo o prévio à convocatória de greve do 37% e o restante para outros procedimentos. O percentual mais elevado de acordo é obtido nos procedimentos prévios à convocatória de greve — 74,03%, evitando a perda de 4.580.072 horas de trabalho por greve.

O percentual global de acordos no ano de 2001 alcança 54,42%, isto é, 246 expedientes concluídos com acordo.

D) Madri

Na cidade de Madri, estivemos visitando o *Servicio de Medición, Arbitraje y Conciliación — SMAC,* órgão administrativo, assim como os mecanismos de solução extrajudicial, pelo Instituto Laboral e *Servicio de Mediación y Arbitraje — SIMA.*

Em 7 de março de 1995, foi publicado no Boletim Oficial da Comunidade de Madri um "Acuerdo Inter-Profesional" firmado entre *Confederación Empresarial de Madrid — CEIM, Uniones Sindicales de Madrid de Comissiones Obreras — CCOO e Unión General de Trabalhadores — UGT* sobre a criação de um sistema de solução extrajudicial de conflitos e o Instituto Laboral da Comunidade de Madri.

Tal Acordo é considerado um marco sobre procedimento de solução extrajudicial dos conflitos de trabalho, com eficácia garantida pelo art. 83 do Estatuto dos Trabalhadores e tem aplicação sobre a totalidade do território da Comunidade de Madri.

Os procedimentos extrajudiciais são de aplicação aos conflitos individuais ou coletivos, jurídicos ou de interesses, assim como de interpretação ou de aplicação de normas, convênios, ou pactos coletivos, assim como decisões ou práticas de empresa, no âmbito das relações de trabalho.

Foi constituída uma comissão paritária de oito membros, sendo quatro por parte das empresas e quatro por parte sindical, para desenvolvimento, interpretação e aplicação dos pactos contidos no referido Acordo.

Em 16 de julho de 1998, foi publicado o "Reglamento" de funcionamento do Sistema de Solução Extrajudicial dos Conflitos de Trabalho e do Instituto Laboral da Comunidade de Madri.

O Instituto Laboral é uma Fundação, sem fins lucrativos, com natureza e finalidade de caráter sociolaboral, cuja finalidade é o exercício de atividades de caráter geral de conciliação, mediação e arbitragem.

Para o governo e representação da Fundação, foi constituído um *Patronato,* que possui cinco membros (um designado pelo *Consejo de Gobierno de la Comunidad de Madrid;* dois designados pelo *CEIM,* um designado pela *UGT* e outro pela *CCOO).* Os membros do "Patronato" não percebem qualquer remuneração para o exercício do mandato de quatro anos, podendo ser reeleitos indefinidamente. A Fundação tem plena autonomia para gestão financeira, por meio de *presupuestos ordinários.*

Os procedimentos de solução previstos no "Reglamento" terão aplicação nos seguintes tipos de conflitos:

a) coletivos de interpretação e aplicação;

b) ocasionados por discrepâncias surgidas durante a negociação de um convênio coletivo ou outro acordo ou pacto coletivo;

c) que versem sobre a convocatória de greve;

d) derivados de discrepâncias surgidas no período de consultas;

e) individuais e denominados plurais. São excluídos os conflitos que afetem um trabalhador e que versem sobre resoluções de contrato, em qualquer de suas modalidades, regime disciplinário, reclamações de quantidade e demandas de tutela do direito de liberdade sindical.

O procedimento de mediação será obrigatório quando solicite uma das partes legitimadas. A mediação será preceptiva como requisito pré-processual para a interposição de uma demanda de conflito coletivo ante a jurisdição laboral por qualquer das partes.

Nos conflitos coletivos definidos no art. 151 da Lei de Procedimento Laboral, isto é, demanda que afete interesses gerais de um grupo genérico de trabalhadores e verse sobre aplicação e interpretação de uma norma estatal, convênio coletivo ou qualquer que seja sua eficácia ou de uma decisão ou prática de empresa, bem como nos processos de impugnação de convênios coletivos, as partes poderão submeter-se voluntariamente ao procedimento de arbitragem, sem necessidade de efetivar o trâmite de mediação.

A intervenção do Instituto Laboral dependerá de invocação por escrito da parte legitimada, no qual deverá conter: submissão das partes do conflito ao Instituto Laboral ou referência a cláusulas do convênio; identificação do empresário ou dos sujeitos coletivos; número de trabalhadores afetados pelo conflito; objeto do conflito, com especificação das diversas interpretações ou opiniões das partes e dos argumentos que se fundamentam; comprovação da tentativa de conciliação perante as comissões paritárias dos convênios ou pactos coletivos que contemplem tal intervenção obrigatória; compromisso de não convocar novas greves ou adotar medidas de "*cierre patronal*"; data e assinatura das partes interessadas ou de seus representantes.

O procedimento de mediação substitui o trâmite obrigatório do conciliação previsto no art. 154.1 do texto refundido da Lei de Procedimento Laboral. Esgotado o trâmite de audiência e dentro do prazo de dez dias, o mediador ou mediadores poderão formular propostas para a solução que deverão ser consideradas não formuladas em caso de não serem aceitas pelas partes. No caso de procedimento envolvendo greve, o prazo será de 72 horas.

Vale ressaltar que o acordo das partes com submissão da questão à arbitragem termina a mediação sem necessidade de esgotamento dos prazos. Os procedimentos poderão ser concluídos por acordo das partes em conflito ou por ausência de acordo.

Na hipótese de celebração de acordo na mediação, haverá a formalização por escrito, apresentando-se a cópia à autoridade laboral competente, para os efeitos previstos no art. 90 do texto refundido do *"Estatuto de los Trabajadores"*.

O Procedimento deArbitragem decorrerá da manifestação expressa de vontade das partes em conflito de submeter-se à decisão imparcial de um ou vários árbitros mediante subscrição ao convênio arbitral. As partes signatárias do Acordo criaram o "*Cuerpo de Árbitros*", que está composto por profissionais do Direito, catedráticos, professores universitários ou especialistas em relações de trabalho.

A iniciação do procedimento deArbitragem realiza-se diretamente, mediante apresentação pelos sujeitos legitimados perante registro do Instituto Laboral da Comunidade de Madri ou por acordo expresso adotado pelas partes dentro do procedimento de conciliação e mediação, constando sua vontade de submeter-se à arbitragem.

O prazo de designação de árbitros será de dois dias úteis, desde o acordo de conciliação ou apresentação do escrito.

Ressalta-se que a celebração do convênio arbitral suspende os prazos de decadência e interrompe os prazos de prescrição, na forma do art. 65.3 da Lei de Procedimento Laboral.

O laudo arbitral deverá ser motivado, cujo prazo para apresentação pelo perito deverá ser aquele celebrado pelas partes ou, na ausência de acordo, não poderá exceder dez dias seguintes à submissão ao convênio arbitral.

O laudo terá eficácia de convênio coletivo e força executiva, podendo ser impugnado perante a Jurisdição Social, com base nos motivos preconizados no art. 91, § 4º do ET (inobservação pelo árbitro dos requisitos ou formalidades ou quando se manifestar sobre questões não submetidas à sua decisão).

Desde a fundação do Instituto Laboral, verifica-se a seguinte evolução na solicitação de procedimentos: ano de 1996 — 5 mediações, 1 arbitragem, total 6; ano, 1997 — 20 mediações, 2 arbitragens, total 22; ano de 1998 — 35 mediações e 1 arbitragem, total — 36; ano de 1999 — 217 mediações, 3 arbitragens, total — 220; e ano de 2000 — 303 mediações, 3 arbitragens, total 306. No ano de 2001, verifica-se a seguinte tipologia de conciliações, sendo nos conflitos individuais 13, coletivos 219, por greve 71, num total de 303.

7.8. Comissão Paritária (CP)

As comissões paritárias são um órgão de composição igualitária, encarregado da administração do convênio coletivo e, sendo relevante sua importância dentro do sistema de solução dos conflitos laborais.[86]

A) Requisitos do Convênio Coletivo

As Comissões Paritárias formam parte do conteúdo mínimo dos convênios coletivos, segundos art. 85.2, do Estatuto dos Trabalhadores. Entretanto, não são todos os convênios coletivos que tiveram interesse em criar estipulações inerentes à CP e delimitar seu campo de atuação. Existem convênios que excluem a referência a CP e outros que o fazem de maneira "testimonial", pois os firmantes não lhe atribuem nenhum tipo de competência, apenas existem para cumprir a exigência legal. Sem dúvida, a postura dos convênios coletivos que mencionam a CP, apenas para cumprir o requisito legal e outros convênios que deixam de delimitar as funções da CP, deve ser rechaçada, pois "estão eliminando de seu conteúdo um instrumento necessário para garantir a administração do convênio coletivo, com a importante perda que ele supõe para o processo de negociação coletiva".[87]

B) Comissões Paritárias — Órgãos Propulsores do Sistema Dinâmico de Negociação Coletiva

Existem dois métodos básicos de negociação coletiva. O primeiro é o modelo estático, por meio do qual as partes, uma vez obtido o acordo, não voltam a entrar em negociação até o seu término, ou no caso de não se fixarem um limite temporal, até que surjam eventos que possam motivar uma mudança. O segundo é o modelo dinâmico ou institucional: as partes criam instituições permanentes que têm a função de adaptar os pactos às novas exigências e circunstâncias, por uma negociação direta e contínua.[88]

---

(86) VALDÉS DAL-RÉ, Fernando. *Mediación y Arbitraje en España. El papel de las Comisiones Paritarias.* Madri: Comisión Ejecutiva Confederal de UGT, 2003, p. 21.
(87) MORALES ORTEGA, Jose Manuel. *La Administración del Convenio Colectivo.* Madrid: Civitas, 1998, p. 174.
(88) VALDES DAL-RÉ, Fernando. *Las Comisiones Paritarias de los Convenios Colectivos.* Madrid: Instituto de Estudios Politicos, 1976, pp. 67-68.
(89) *Op. cit.*, p. 171.

Ao analisar a CP como propulsora do sistema dinâmico de negociação, *Ortega* observa que isso não ocorreu, pois a ausência de limites é característica do sistema dinâmico. Entretanto, o sistema estático pressupõe que a CP tem liberdade de atuar dentro das bases da competência fixadas no momento de seu ato de delegação.(89) Em 1976, já observava *Valdés Dal-Ré* que "a consolidação normativa das CP representou uma primeira atenuação do rígido método de negociação estático-formalista". Ademais, afirmou que as "CP, a todos os níveis de contratação, podem constituir um incipiente procedimento de negociação permanente".(90) Quer dizer a CP representa "um centro de convergência entre os métodos estático e dinâmico de negociação coletiva".(91)

C) Comissões Paritárias — Aspectos Internos

O legislador espanhol deixou nas mãos da partes estabelecerem a composição da CP. O costume revela que em muitos convênios as mesmas pessoas que integram a comissão negociadora do respectivo convênio coletivo vêm compor a CP. Tal liberdade pode, inclusive, permitir que pessoas distintas das que participaram da celebração do convênio integrem a CP.(92) A atuação das CP tem como condicionante a paridade para a tomada de decisões, segundo art. 85.3, *e*, do ET.

Ocorre que o legislador deixou de ofertar o conceito de paridade em tal dispositivo, então se utiliza o art. 89.3, *e*, do ET que, ao definir os acordos da comissão negociadora, fixa que a paridade está presente com o voto da maioria de cada uma das representações.

Ortega(93) ressalta que com muita freqüência e de forma equivocada se vem sustentando que a paridade deve ser observada na composição da CP e não na adoção do acordo. Tal fórmula não assegura a igualdade de posicionamento entre a representação social e empresarial na CP e pode gerar a efetivação dos acordos com voto majoritário dos integrantes da comissão, contrariando a paridade fixada no art. 85.3, *e*, do ET e propiciando possíveis condutas fraudulentas.

---

(90) *Op., cit.*, pp. 69-70.

(91) VALDES DAL-Ré, Fernado. *Mediación y Arbitraje en España. El papel de las Comisiones Paritarias.* Madrid: UGT, 2003, p. 25. "Neste contexto, a constituição de uma CP, a qual as partes confiam a tarefa de gerir de maneira conjunta a aplicação do convênio não somente tem efeito de introduzir no método estático de negociação um instrumento próprio dos métodos dinâmicos. Esta convergência atua como pressuposto de fato para que a CP possa assumir a tarefa de adaptar ou revisar o convênio coletivo e solucionar os conflitos derivados de sua concreção à realidade normatizada."

(92) *Op. cit.*, p. 185.

(93) *Op. cit.*, p. 208.

D) Funções e Âmbito

A função principal da CP é aplicar e interpretar os convênios coletivos, já que é o órgão responsável da administração do convênio coletivo. Tais operações são diferentes: "a interpretação consiste em determinar o sentido de um sintagma jurídico duvidoso ou, o que é igual, precisar a reta inteligência de um enunciado normativo. A aplicação significa colocar em prática a norma conforme o sentido previamente determinado e sua valorização com regra aos fatos".[94] Não se pode deixar de considerar que a função revisora do conteúdo do convênio coletivo é uma atividade de caráter negociador, que pode ser realizada na CP "sem ultrapassar as limitações substantivas que condicionam a atividade de administração; isto é, sem quebrar a unidade do convênio".[95]

As funções interpretativas e aplicativas são as primordiais da CP. Entretanto, existe também a atividade de vigilância que consiste em uma interpelação aos integrantes da CP, para que mantenham uma postura ativa ante os possíveis descumprimentos do pacto e, conseqüentemente, denunciem suas violações ante a outra parte ou ante os órgãos competentes, administrativos ou judiciais. Inclui, também, a linha de atuação "parajurisdiccional", resolvendo extrajudicialmente os conflitos e controvérsias que ocorrerem durante a vigência do pacto coletivo, pois a maioria dos convênios coletivos possui uma cláusula de mediação ou arbitragem paritária no marco de atribuições gerais da CP.[96]

Com a reforma laboral efetuada pela Lei n. 11/94, o legislador ampliou o âmbito de atuação das CP como órgãos responsáveis da interpretação e aplicação do convênio coletivo, para resolver outras "discrepâncias no seio de dita comissão" (art. 85.3, *e*, do ET), quer dizer, a atividade das CP não se restringe a aplicar e interpretar os convênios coletivos, pois a menção de toda e qualquer "discrepância" tem caráter amplo, "amparando a institucionalização de qualquer mecanismo que veicule a adoção de acordos dentro de ditos órgãos, o que variará em cada caso concreto a teor da entidade e a natureza do assunto, âmbito, competência e tipo de comitê. Portanto, o legislador quebra ou o "abstencionismo normativo" com a reforma da Lei n. 11/94, ao conferir novo texto ao art. 85.3 e, do ET, pois os prooodimentos para solucionar as discrepâncias surgidas na CP podem ser inclusive outorgados a tercei-

(94) VALDES DAL-RÉ, Fernando. *Mediación y Arbitraje en España*. Madrid: UGT, 2003, p. 32.
(95) *Op. cit.*, p. 26.
(96) ALEMAN PAEZ, Francisco A. *Las Comisiones Paritaria*. Madri: Civitas, 1998, pp. 77-82.

ros com a capacidade de resolvê-los. Na verdade, a CP pode assumir uma pluralidade de funções no que se refere à solução de conflitos.[97] Normalmente, os procedimentos se fundamentam nos conhecidos meios extrajudiciais de solução dos conflitos, isto é, a mediação ou a arbitragem, a que se socorrem as partes para solucionar os bloqueios na tomada de decisões da CP.

Sem dúvida que a fixação do âmbito de atuação da CP está relacionada com o fato de que sua principal função é a de interpretação e aplicação do convênio coletivo. Existem dois motivos que definem a prevalência dos conflitos coletivo-interpretativos no âmbito da CP, apesar da vontade ambiciosa de atuar sobre os conflitos econômicos: a) a proximidade do comitê da gênesis e transcendência do litígio, b) as questões encontram fundamento na norma pactuada, exercitando uma atividade complementar que incorpora o conteúdo do próprio pacto coletivo.[98] Na verdade, a CP é o órgão mais capacitado e o único habilitado a promover a interpretação do conteúdo do convênio coletivo.[99]

É inquestionável que os conflitos de interesse não se encontram dentro do âmbito da apreciação do poder jurisdicional, por meio do processo coletivo, excetuando as hipóteses de ilegalidade e inconstitucionalidade. Entretanto, questiona-se a possibilidade de solucionar conflitos de interesse nas CP.

Argumenta em seu favor o art. 85.3, *e*, do ET, que confere à CP a faculdade de solucionar outras discrepâncias do convênio coletivo, ampliando a anterior restrição de atividade à aplicação e, interpretação dos convênios coletivos. Ademais, não existe inconveniente em atribuir tal função normativa à CP, considerando o marco regulador dos arts. 89.4 do ET ou 24 do DLRT.

Em idêntico sentido, destaca-se a possibilidade de extensão das funções da CP a outros conflitos que não estejam causados pela interpretação e aplicação do convênio, com fundamento no previsto art. 85.3, e do ET.[100] Entretanto, nas hipóteses de que o texto do acordo interprofissional restrinja a atuação da CP à aplicação e à interpretação dos conflitos coletivos, torna inaplicável a função ampliadora prevista no âmbito da CP pelo art. 85.3, *e*, do ET.

(97) RODRÍGUEZ FERNANDEZ, M. Luz. "La intervención prévia de la comisión paritaria en los procedimientos". *In La solución extrajudicial de los conflictos laborales — II Congreso de Castilla y León sobre relaciones laborales*. Valencia: Junta de Castilla y León, Valladolid, 2001.
(98) ALEMAN PAEZ, Francisco A. *Op. cit.*, pp. 116-117.
(99) *Op. cit.*, p. 33.
(100) *Op. cit.*, p. 212.

Assim mesmo, em tal circunstância, a restrição pode ser questionada, já que tal fixação representa "um simples dado externo" e que não oferece elementos para delimitar o verdadeiro alcance da atuação da CP no âmbito da negociação coletiva.[101]

Com relação à atuação da CP para solucionar conflitos individuais, não estamos em terreno pacífico, pois o art. 37.2 da CE faculta aos sujeitos coletivos a possibilidade de introduzir procedimentos para a solução dos conflitos coletivos, não existindo norma similar com referência aos conflitos individuais.[102] Do ponto de vista da legislação ordinária, o art. 91.5 do ET pode fundamentar a atuação da CP aos conflitos individuais, pois outorga às partes o poder de empregar facultativamente os procedimentos extrajudiciais.

A eficácia jurídica das resoluções interpretativas da CP encontra divergência na doutrina. O primeiro grupo sustenta o caráter vinculante das decisões da CP, pois tal órgão realiza a interpretação autêntica do conteúdo do próprio convênio coletivo. Ademais, a decisão do comitê se incorpora ao convênio coletivo, tendo força vinculante (art. 91.3 do ET).

Portanto, o órgão jurisdicional ficará vinculado a solucionar a controvérsia no mesmo sentido da resolução da CP.[103]

O outro grupo sustenta que as resoluções da CP não têm caráter vinculante, pois é proveniente dos próprios firmantes do convênio, mas não deixam de ser uma mera interpretação, pois corresponde aos tribunais no controle de legalidade do próprio convênio coletivo.[104] Isso não significa que a decisão da CP não tenha nenhuma relevância, pois o órgão jurisdicional avalia tal informe, no qual pode funcionar como condicionante da decisão, isso é "prova qualificada, valiosa e de máxima relevância".[105]

Os arts. 85.1 e 91, ambos do ET, e 37.1 da CE concedem às partes a faculdade de criar procedimentos extrajudiciais no âmbito da negociação coletiva. Vale destacar que o art. 8 do ASEC II determina o caráter preceptivo da CP com relação aos conflitos derivados da

---

(101) *Op. cit.*, p. 29.
(102) Cf. CRUZ, VILLALÓN, Jesús. *Op. cit.*, p. 36.
(103) Neste sentido de eficácia vinculante, temos *in* ORTEGA p. 429, as citações de VALDES DAL-RÉ, Fernando. *Op. cit.*, p. 83, CRUZ VILLALÓN. *Op. cit.*, p. 87, DEL REY GUANTER, Salvador. *Op. cit.*, p. 87.
(104) SALAS FRANCO, Tomas e ALFONSO MELLADO, Carlos L. *Los procedimientos extrajudiciales*. Valencia: Tirant Monografia, 1996, pp. 66-68.
(105) *In* ORTEGA, *op. cit.*, p. 431. Ver MARTÍNEZ GIRÓN. *Op. cit.*, p. 295; CRUZ VILLALÓN. *Op. cit.*, p. 30 e GONZÁLEZ BIEDMA. *Op. cit.*, p. 428.

interpretação e aplicação do convênio coletivo. O caráter preceptivo garante "certa preferência frente a outros procedimentos igualmente encaminhados à solução do conflito que ocasione a interpretação do mesmo".[106] Não se pode deixar de considerar que existem convênios coletivos que outorgam à CP funções de intervenção prévia em todo conflito coletivo.

E) Modelo de Autocomposição Paritária e sua Relação com os Procedimentos Extrajudiciais ou Judiciais

Os modelos de autocomposição paritária são: a) o modelo paritário puro, por meio do qual o comitê é o órgão central na substanciação da controvérsia. Apresenta como vantagem a proximidade dos problemas, o que facilita sua análise. Entretanto, tem o grande inconveniente de que a paridade leva os pareceres contrapostos e, conseqüentemente, com total ausência de neutralidade; b) o modelo paritário misto com fórmulas intermediárias que combinam a estrutura bilateral com a intervenção de um terceiro.[107]

Com relação à configuração da autocomposição paritária nos convênios, existem três grupos: a) efetuam tratamento nominal desta faculdade paritária, quer dizer, são pactos que podem declarar a constituição do órgão misto para fundamentar as prescrições do art. 85.3, *e*, do ET ou efetuar meras declarações programáticas com vistas a serem ampliadas por negociação. Atribuem ao comitê funções de mediação, arbitragem ou de conciliação, podendo omitir qualquer dos três meios; b) tratamento "tradicional": um regime jurídico heterogêneo, em que se declara a intervenção facultativa do órgão paritário. O comitê pode funcionar como: órgão mediador, conciliador ou arbitral e, paralelamente se introduzem "cláusulas de paz social"; c) introduzem um regime jurídico mais completo e inclusive inovador da faculdade parajurisdicional exercitável pelos comitês mistos; são os convênios de "vanguarda", os quais delimitam no âmbito material e subjetivo das CP, definindo os procedimentos para solucionar os conflitos surgidos entre empresários e trabalhadores e o âmbito subjetivo de competência para contemplar os conflitos plurais e coletivos.[108]

É importante definir a relação do órgão paritário com os procedimentos extrajudiciais ou judiciais, já que seu tratamento nos Acordos Autônomos e Estatais difere quanto à submissão preceptiva da CP para acudir as outras vias de solução dos conflitos. No primeiro bloco, estão

(106) *Op. cit.*, p. 214.
(107) ALEMAN PAEZ, Francisco A. *Op. cit.*, pp. 114-115.
(108) *Ibidem*, pp. 89-92.

os convênios coletivos que permitem às partes, acudir diretamente às instâncias, sem necessidade de intervenção da CP. Potencializa-se o caráter puramente extrajudicial destes meios e outorga a um terceiro, normalmente, a resolução do conflito. Entretanto, não existe impedimento para intervenção da CP quando esteja previsto no correspondente convênio coletivo.

No segundo bloco, estão os convênios coletivos que determinam que a submissão à CP seja um trâmite preceptivo a qualquer meio extrajudicial de solução dos conflitos, quer dizer, a CP se caracteriza como instância prévia a qualquer medida judicial ou extrajudicial de solução de controvérsias.[109]

Outro debate que se faz necessário é a compatibilidade da fixação dos convênios coletivos e da obrigatoriedade de submissão à CP com os arts. 24.1 CE e art. 91 do ET. Primeiro, houve uma doutrina contrária às cláusulas convencionais que instituíssem a CP, por uma "postura receosa (quase hostil)". Esta doutrina entendia que tal submissão não estava prevista na lei vigente (STCT, 14.1.81) e tampouco se configurava como trâmite de procedibilidade (STCT, 6.3.81). Ademais, negavam a eficácia geral e obrigatória dos acordos efetuados na CP, que realizavam "meras decisões interpretativas".

Este entendimento foi superado, pois o novo enfoque reconhece às partes a faculdade de fixar os procedimentos que viabilizem a autocomposição. Em síntese, quatro são as premissas: a) a obrigação de submissão prévia "se impõe pela força vinculantes da negociação coletiva" (STCT, 9.3.84 e 12.9.84) e constituem manifestações da autonomia coletiva (STCT, 5.4.89); b) requisito pré-processual inescusável, incluso por valor jurídico que a lei consagra ao pacto coletivo (STCT, 13.12.82); c) não exclui a apreciação judicial (STCT, 1º.6.88, STTCO, 162/89 e 217/91; d) se admite a equiparação do acordo na CP ao pacto coletivo (STCT, 18.10.88).[110]

7.9. ASEC

Da própria análise cronológica, podemos concluir que os Acordos Autônomos ganharam força antes da celebração do primeiro ASEC (Acordo sobre Solução Extrajudicial de Conflitos Laborais) no âmbito estatal, revelando um crescimento da perspectiva descentralizada.

---

(109) MORALES ORTEGA, Jose Manuel. *Op. cit.*, pp. 405-406.
(110) ALEMAN PAEZ, Francisco A. *Op. cit.*, pp. 105-110.

O ASEC é a norma principal que define no âmbito material de aplicação dos meios de solução dos conflitos laborais. O art. 3º do ASEC-I e ASEC-II, estabelece que o acordo sobre matéria concreta esteja dotado de natureza jurídica e de eficácia, cuja aplicação depende de "instrumento de ratificación o adhesión".

O ASEC deverá ser ratificado pelo representante dos trabalhadores e empresários, ou suas organizações representativas, com legitimação suficiente para obrigar no âmbito correspondente.(111)

A importância do ASEC não reside somente no fato de ter âmbito estatal e sua perspectiva de "valor estratégico", senão por sua valiosa contribuição para implantar um modelo fundamentado na negociação coletiva. "O ASEC veio a saldar uma velha conta do nosso sistema".(112)

Os instrumentos de solução dos conflitos que oferecem no ASEC II são a mediação e a arbitragem. A mediação é solicitada por uma das partes (art. 13 RASEC) e a outra é obrigada a comparecer, mas tem liberdade para aceitar ou rechaçar a proposta do mediador. Entretanto, a arbitragem tem como pressuposto o acordo voluntário de ambas as partes (art. 19 ASEC e art. 13 RASEC).

Portanto, o ASEC rompeu a clássica previsão de serem a conciliação, a mediação e a arbitragem, os mecanismos para solucionar os conflitos.(113) Quer dizer, nas hipóteses de adesão ao ASEC, a media-

(111) As organizações sindicais e empresariais de maior representatividade de âmbito estatal (UGT — Unión General de Trabajadores, CC.OO — Comisiones Obreras, CEOE — Confederación Española de Organizaciones Empresariales e CEPYME — Confederación Española de la Pequeña y Mediana Empresa), suscribieron el 25 de enero de 1996 el "Acuerdo sobre Solución Extrajudicial de conflictos Laborales (ASEC-I), Acordo sobre seu regulamento de aplicação (RASEC-I), com fundamento nos arts. 83.3. do Estatuto dos Trabalhadores, artículos 6 y 7 de la Ley Orgánica de la Libertad Sindical y artículo 154 de la Ley de Procedimiento Laboral. Después de haber transcurrido el plazo de vigencia de tal acuerdo, las partes firmaron en 31 de enero de 2001 el "Segundo Acuerdo sobre solución Extrajudicial de Conflictos Laborales" (ASEC-II), y su correspondiente reglamento laboral (RASEC-II).

(112) VALDÉS DAL-RÉ, Fernando. "Cuestiones y problemas aplicativos del acuerdo sobre solución extrajudicial". *In La nueva función de la negociación colectiva y los acurdos interconfederales sobre el empleo — X Jornada de Estudio sobre la Negociación Colectiva*. Madrid, 4 y 5 e junio de 1997. Colección Informes y Estudios, pp. 141-144.

(113) RODRÍGUEZ FERNANDEZ, M. Luz. *Conciliación, mediación y arbitraje en España*. Madrid: Ministerio de Trabajo y Asuntos Sociales, 2003, p. 163. "O ASEC e alguns dos acordos sobre solução autônoma de conflitos havidos no âmbito das Comunidades Autônomas estabeleceram como procedimentos tipo a *mediação e a* arbitragem, sem contemplar a possibilidade de submeter das partes a um simples procedimento de *conciliação*. Possivelmente ele tenha sido deste modo porque, ainda na teoria a conciliação e a mediação são procedimentos diferentes, na prática as diferenças entre uma e outra são bem escassas. No entanto, rara vez um órgão de conciliação medianamente diligente se resiste a não fazer proposta alguma às partes. De outro

ção passa a ser obrigatória. O SIMA[114] é o órgão gestor dos procedimentos, cujas funções de mediação e de arbitragem são exercidas pelos mediadores ou pelos árbitros. A utilização de um ou outro procedimento obriga as partes a se abster de recorrer a outras medidas de conflito; inclusive no caso da arbitragem, proíbe-se expressamente o recurso à greve ou ao *cierre patronal*.

A) Âmbito de Aplicação

O art. 4º do ASEC enumera os conflitos que possam ser submetidos aos procedimentos extrajudiciais por ele estabelecidos. Apresenta um sistema de "lista que se reputou cerrada".[115]

Cabe ressaltar que o ASEC não apresenta uma noção de conflito coletivo, fato que poderia induzir o erro de que qualquer conflito possa ser solucionado pela mediação. "É melhor, ao contrário. O que faz o *ASEC* é enumerar uma série de conflitos que possam ser submetidos pelas partes ao procedimento de mediação previsto no próprio Acordo."[116] Não se pode deixar de considerar que a opção do ASEC foi de não prestigiar funções preventivas de evitamento ou contenção da exteriorização de conflitos, ficando seu papel limitado ao mero desempenho de funções reparadoras de um conflito já surgido.[117]

Os dados estatísticos do SIMA revelam que, em 2001, ocorreram 125 conflitos, sendo 94 relativos à matéria de interpretação e aplicação do convênio coletivo, 30 por greves e 1 sobre período de consultas. Tais conflitos foram resolvidos, sendo 125 por mediação (resultando 30 com

---

lado, não pode esquecer o fato de que o art. 91 do ET unicamente se refere aos procedimentos de mediação e arbitragem, sem fazer menção à conciliação e que é precisamente, este artigo o que em boa medida serviu de base para o próprio desenvolvimento dos procedimentos autônomos de solução dos conflitos que se fez depois. Contudo, não faltam acordos no âmbito das Comunidades Autônomas que contemplam a possibilidade de submissão aos procedimentos de *conciliación, mediación y arbitraje*."

(114) O "Servicio Interconfederal de Mediación y Arbitraje" se denomina SIMA. Entrou em funcionamento mediante Acordo de 21.1.98. O SIMA é uma fundação constituída pelas organizações sindicais e patronais, sendo CEOE (Confederación Española de Organizaciones Empresariales), CEPYME (Confederación Española de la Pequeña y Mediana Empresa), CC.OO (Confederación Sindical de Comisiones Obreras) y UGT (Unión General de Trabajadores), com cobertura financeira por meio de pressupostos concedidos pelo Estado em função do "Acuerdo Tripartito". O procedimento é gratuito, pois contam com subvenções públicas garantidas pelo "Acuerdo Tripartito" tem vigência de 1º de janeiro de 2001 a 31 de dezembro de 2004.

(115) VALDÉS DAL-RÉ, Fernando. *Arbitraje y conflictos colectivos en el ASEC: Problemas de aplicación*, p. 172.

(116) RODRÍGUEZ FERNANDEZ, M. Luz. *Conciliación, mediación y arbitraje en España*. Madrid: Ministerio de Trabajo y Asuntos Sociales, 2003, p. 172.

(117) *Op. cit.*, p.193.

acordo, 81 sem acordo e 14 intentos sem acordo por arquivo do expediente). Em 2000, tramitaram um total de 121 procedimentos pelo *SIMA*, sendo 115 de mediação e 6 por arbitragem. O incremento com relação a 1999 foi de 24, o que representa uma porcentagem de 25%. Durante toda a atividade do SIMA (iniciada em março de 1998), a evolução dos conflitos tramitados foi de 49 em 1998, 97 em 1999, e 121 em 2000. No que se refere aos resultados, comprovamos que as mediações passaram de 25,5% em 1998, 36% em 1999, e 26% em 2000. A estatística revela um predomínio total e absoluto dos conflitos de interpretação e de aplicação sobre o resto dos conflitos que regulam o ASEC (37 sobre os 49 tramitados em 1998, 74 sobre os 97 em 1999, 80 sobre os 121 no ano 2000, 94 de 125 no ano 2001).[118]

(118) Dados estatísticos fornecidos pelo própio SIMA em visita realizada em 2002.

8. CONCILIAÇÃO EXTRAJUDICIAL INTEGRANTE DO SISTEMA DE SOLUÇÃO NÃO JURISDICIONAL — ITÁLIA

O estudo do sistema italiano demonstra forte intervencionismo estatal, já que ali houve a intenção de incrementar a conciliação extrajudicial, por meio de reformas legislativas. Tais alterações legais partem do sistema de conciliação extrajudicial obrigatório para facultativo e, depois, ao obrigatório.

Entretanto, não ocorreu um desenvolvimento do principal instrumento de conciliação extrajudicial, quer dizer, da negociação coletiva. Baseia-se fundamentalmente na conciliação administrativa, mas com um número insuficiente de órgãos "Comissiones", para atender a demanda.

É importante destacar que existe grande diferença no sistema italiano entre os métodos de resolução dos conflitos individuais e/ou plurais e controvérsias coletivas. Com relação às controvérsias individuais, estão sujeitas ao procedimento de solução judicial, regulado pelo art. 409 e seguintes do Código de Procedimento Civil e ao requisito necessário de procedibilidade da obrigação de realizar um ato de conciliação extrajudicial (art. 410 CPC). No entanto, as controvérsias coletivas não estão sujeitas ao procedimento judicial de resolução que se aplica aos conflitos individuais, consoante se aplica o art. 409 CPC. Os meios ordinários de resolução das controvérsias coletivas são de caráter extrajudicial e estão fixados na negociação coletiva.[119]

8.1. Evolução Legislativa

A regulamentação do Direito Laboral Italiano a respeito da atividade conciliatória sofreu muitas modificações relevantes no tempo. Ini-

(119) GRANDI, Mario. "Conciliación, mediación y arbitraje en Italia". *In Conciliación, Mediación y Arbitraje Laboral en los Países de la Unión Europea*. Madrid: Ministerio de Trabajo y Asuntos Sociales, pp. 343-344. "Os procedimentos de autoresolução das controvérsias coletivas são essencialmente voluntários e facultativos, no sentido de que sua realização depende da vontade das partes... Na prática italiana não existem, em geral, disposição e nem dados estatísticos na matéria de custeio dos procedimentos de autoresolução das controvérsias coletivas. O custeio das 'comissões paritárias' de conciliação, geralmente, está a cargo das partes sindicais e empresariais que subscreveram o contrato coletivo."

cialmente, as funções conciliativas das lides de valor não elevado entre empresários e operários eram realizadas no "Collegi probiviralli" instituído com a Lei n. 295, de 15 de junho de 1893. Com a instalação do ordenamento corporativo, restou eliminado o "Collegi probiviralli", a partir de 1926.

Em particular, no âmbito do ordenamento corporativo, instituído principalmente com a Lei n. 563, de 3 de abril de 1926, e Real-Decreto n. 1.130, de 1º de julho de 1926, bem como no Real-Decreto n. 471, de 1928, era prevista uma tentativa obrigatória de conciliação da controvérsia (coletiva e individual) do trabalho, perante a associação sindical corporativa da categoria do empregado e do empregador.

Vale destacar que tal disposição foi introduzida no próprio Código de Processo Civil de 21 de abril de 1942, em seus arts. 430 e seguintes. Sendo assim, o art. 430 e seguintes do Código de Processo Civil individualizava a preventiva denúncia da lide laboral perante o âmbito sindical, o que se caracterizava pressuposto processual necessário ao exame do mérito da demanda judicial.

Com a queda do ordenamento corporativo e a conseqüente supressão da organização sindical, em razão do disposto no Decreto-lei n. 369 de 23 de novembro de 1944, produziu-se alteração drástica na disciplina da conciliação de controvérsias do trabalho, mantendo validade naquele momento somente a conciliação judicial prevista no art. 185 do Código de Processo Civil.

A lacuna constituída da ausência de um procedimento de conciliação extrajudicial das controvérsias do trabalho foi sendo preenchida no período de 1950-1960, por intermédio dos voluntários procedimentos de conciliação das atuais organizações sindicais pós-corporativas e também por força da constituição de um procedimento de conciliação dos conflitos do trabalho ao Ofício do "Ministério del Lavoro", conforme art. 3º, letra *d,* do Decreto-Lei n. 381, de 15 de abril de 1948; art. 23, letra do DPR 52, de 19 de maio de 1955, e do art. 12, inciso 3, da Lei n. 628, de 22 de julho de 1961.

Portanto, foram atribuídas ao "Uffici Provicialli del Lavoro" funções de tentativa e de conciliação de controvérsias individuais e coletivas do trabalho. Tais medidas foram lentamente se sedimentando no período pós-guerra durante trinta anos, quando ocorreu o advento da Lei n. 533, de 11 de agosto de 1973, a qual introduziu uma grande reforma no Processo do Trabalho e concedeu uma decisiva valorização da experiência de conciliação extrajudicial.

A Lei n. 533/73 optou pela previsão de uma fase conciliatória extrajudicial de caráter facultativo, prevendo dois canais para a efetivação da tentativa de conciliação, sendo a primeira em sede sindical (art. 411, inciso 3, CPC) e a outra parte previu uma tentativa em sede administrativa (arts. 410 e 411, incisos 1 e 2, CPC), mantendo a vigente tentativa de conciliação judicial prevista no art. 185 do CPC.

O sistema introduzido pela Lei n. 533/73 fixou as seguintes possibilidades:

a) cada parte poderia apresentar a demanda, perante o juízo competente em matéria laboral, sem ter que experimentar preventivamente qualquer tentativa de conciliação extrajudicial;

b) as partes poderiam, facultativamente, antes de apresentar a demanda judicial, experimentar uma tentativa de conciliação em sede sindical ou perante a "Commissioni Provincialli di Conciliazione", criação de tal lei.

c) as partes poderiam, facultativamente, recorrer ao instrumento da arbitragem "rituale" ou "libero".

A conciliação sindical era realizada com a assistência da associação sindical em conformidade com a previsão estabelecida no contrato coletivo do setor, com fundamento no art. 410, inciso 1, do Código de Processo Civil.

Vale ressaltar que a eventual previsão dos contratos coletivos de tentativa obrigatória de conciliação era sempre considerada nula, em razão do princípio inderrogável da Lei n. 533/73 de facultatividade da tentativa de conciliação, o que não poderia impedir a possibilidade do trabalhador de recorrer diretamente à Autoridade Judiciária (*Cassacione*. 25 de novembro de 1980, n. 648; *Cass. Sent*. n. 6396/82; *Cass.* 28 de janeiro de 1984, n. 709).

A conciliação administrativa fornecia outra opção às partes, já que podiam tentar efetivar a conciliação perante as "Comissioni di Conciliazione" instituídas em cada província, com providências do Diretor do "Ufficio Provincialli del Lavoro", composta por um delegado na qualidade de presidente e ao menos um representante do empregador e do empregado, os quais eram designados pela respectiva organização sindical de maior representatividade na base nacional, conforme previsto no art. 410 do Código de Processo Civil, cujo conteúdo sofreu modificações com o advento do Decreto Lei n. 80, de 31 de março de 1998, e Decreto-Lei n. 387 de 29 de outubro de 1998.

A arbitragem era realizada pela forma "rituale", conforme estabelece o art. 806 e seguintes do CPC, ou da forma "libero ou irrituale", em decorrência do disciplinado no art. 5º da Lei n. 533/73. Em ambos os tipos de arbitragem era indispensável a previsão no contrato ou no acordo coletivo.

Todavia, a faculdade de recorrer à solução extrajudicial da controvérsia observou restrição, com o advento da Lei n. 533/73, a qual permanece até o momento, no que tange às matérias de Previdência e de assistência obrigatória.

Após o advento da reforma introduzida pela supramencionada, começou a se difundir a idéia de ser obrigatória a tentativa de conciliação extrajudicial nas controvérsias individuais do trabalho, principalmente nos anos 90, diante da exigência de se criar um filtro ao contencioso judiciário. Embasado em tal pensamento, destaca-se a decisão de n. 6.248, de 25 de novembro de 1980, na qual a Suprema Corte enaltece a importância da conciliação extrajudicial, entendendo que o interesse público autoriza a fixação da obrigatoriedade de conciliação extrajudicial, ainda que inexistente previsão legal.

Dentro de tal panorama, o art. 5º da Lei n. 108, de 11 de maio de 1990, referente ao tema de impugnações, e o art. 8º da Lei n. 604/66, de licenciamento individual por pretensa prática de justa causa ou de justificado motivo no âmbito da empresa, determinaram a obrigatoriedade da preventiva tentativa de conciliação extrajudicial em sede sindical ou administrativa, sob pena de não-conhecimento do recurso ao judiciário (*Cass.* n. 607, de 26 de janeiro de 1996).

8.2. Obrigatoriedade — Conciliação Extrajudicial

O art. 68 do Decreto Legislativo n. 29, de 22 de janeiro de 1993, dentro do âmbito da reforma do público emprego, fixou previsão da passagem de tal matéria da jurisdição administrativa para a jurisdição ordinária, prevendo uma tentativa obrigatória de conciliação em sede sindical ou em sede administrativa nas controvérsias em matéria do público emprego, sob pena de "improcedibilitá" da demanda judicial (ser considerada não suscetível de conhecimento).

Tal situação foi definitivamente estabelecida com o advento do Decreto Legislativo n. 80 de 31 de março de 1998, o qual entrou em vigor em 23 de abril de 1998, ao disciplinar de forma definitiva a passagem pelo juízo ordinário do Trabalho, à jurisdição dos conflitos relativos às relações do público emprego, a partir de 1º de julho de 1998. As posteriores integrações e correções foram introduzidas na matéria pelo Decreto Legislativo n. 387, de 29 de outubro de 1998, o qual entrou em vigor em 22 de novembro de 1998.

Em decorrência do ingresso perante a jurisdição ordinária das controvérsias do trabalho dos empregados da administração pública, passou a ser indispensável a criação de um filtro por meio da obrigatoriedade da tentativa de conciliação extrajudicial para todas as controvérsias individuais de trabalho, e não somente aquelas decorrentes do público emprego, como havia previsto o legislador no art. 68 do Decreto Legislativo n. 29/93. Além de filtro, o escopo de legislador foi a economia processual, mediante a solução de controvérsias, com a utilização de instrumentos extrajudiciais.

A nova tentativa de conciliação em sede extrajudicial para as controvérsias individuais do trabalho foi disciplinada pelos arts. 36 e seguintes do Decreto Legislativo n. 80/98, que modificaram os arts. 410 a 412 do CPC, sendo que posteriores integrações e correções foram introduzidas pelo art. 19 do Decreto Legislativo n. 387/98.

O art. 36 do Decreto Legislativo n. 80/98 modificou o inciso I, do art. 410 do Código de Processo Civil, estabelecendo a obrigatoriedade da tentativa de conciliação, antes da propositura de demanda judicial relativa às relações regulamentadas pela Lei n. 533/73.

A tramitação da tentativa de conciliação em sede sindical ou administrativa representa condição para apresentação da demanda, conforme disposto no art. 39 do Decreto Legislativo n. 80/98, que introduziu a nova redação do art. 412 do Código de Processo Civil.

Portanto, antes da apresentação da demanda, é indispensável efetivar a tentativa de conciliação perante a comissão sindical criada pelo contrato ou acordo coletivo, ou promover a tentativa de conciliação perante a sede administrativa "Comissioni di Conciliazione".

A tentativa de conciliação deverá ser realizada dentro dos 60 dias da apresentação da "richiesta" (petição). Decorrido inutilmente tal prazo, o interessado poderá promover a ação judicial, porquanto a lei considera que houve o "espletamento" (tentativa de conciliação), somente pelo decurso do prazo.

Caso a parte proponha uma ação judicial sem observância do "espletamento" (tentativa de conciliação), disciplinada no art. 410 do Código Processo Civil, ou apresente a demanda judicial sem o decurso do prazo de 60 dias da formalização da tentativa, tal ação conterá o defeito de "improcedibilitá" (não ser suscetível de tramitação) e, conseqüentemente, o juiz tem o dever na primeira audiência de ofício ou em decorrência de exceção da parte requerida, sob pena de decadência, suspender o processo por 60 dias, para que seja efetivada a tentativa de conciliação, destacando-se que, no público emprego perante a Administração Pública, o prazo é de 90 dias.

Merece destaque a hipótese em que a demanda é apresentada antes do decurso do prazo de sessenta dias para efetivar a tentativa de conciliação, mas a audiência foi marcada após o decurso dos 60 dias.

Existe divergência, sendo que alguns sustentam a suspensão para efetivação do "espletamento" (tentativa de conciliação), na forma do art. 412 do Código de Processo Civil. Outros, por sua vez, sustentam a não suspensão, visando evitar que o texto legal preconizado pelo art. 412 do Código de Processo Civil esteja eivado de vício de inconstitucionalidade, pois a renovação de um procedimento extrajudicial, já decorrido o prazo, representa obstáculo que retarda a tutela judicial.

Segundo a jurisprudência, a omissão da tentativa obrigatória de conciliação, alegada em primeiro grau e não relevada na primeira audiência, implica na nulidade da sentença e na remessa dos autos à primeira instância, na forma do art. 354 do CPC (Trib. Milano 20 gennaio 1999). CPC com base no art. 310 do CPC tal decisão não leva à extinção da ação, a qual poderá ser novamente proposta perante a Autoridade Judiciária.

Existe diferença do procedimento entre a tentativa obrigatória de conciliação, que consiste na participação pessoal das partes perante a "Comissione", visando a uma composição, e a arbitragem, que se configura um instituto, no qual se resolve a própria controvérsia por decisão de um árbitro ou colégio arbitral.

8.2.1. Questão da Constitucionalidade

A Corte Constitucional interveio no recurso de n. 144, de 16.5.2000, para declarar inadmissíveis os conflitos de atribuição entre os poderes do Estado (Magistratura e Poder Executivo) e o Tribunal de "Brescia e il Consiglio dei Ministri", com relação às normas que condicionaram a propositura da demanda judicial nas controvérsias do trabalho ao decurso do prazo de — 90 e 60 dias — da data da recepção da instância para a tentativa obrigatória de conciliação.

No caso em espécie, o Tribunal sustentou que tal imposição afeta a demanda proposta, já que representa condição para a sua respectiva tramitação, o que representa obstáculo temporal ao exercício do direito do interessado.

A previsão de não ser a demanda suscetível de tramitação não prejudica de qualquer modo a tutela de mérito invocada e nem contraria o disposto no art. 24, Constituição (que não prevê que todos possam agir em juízo para tutela dos próprios direitos e interesses legítimos de forma incondicionada).

Dessa forma, é opinião absolutamente unânime que a hipótese de exigência de tentativa de conciliação gera uma jurisdição condicionada, representando um efeito suspensivo da atividade processual, em perfeita consonância com a Constituição (*Corte Cost. Sent. n. 4062, 56, 83, 113/63; 47764).*

No entanto, a Corte Constitucional, em sentido contrário, entendeu que não se tratava de afetar uma lesão ao direito de propor uma demanda judicial, nem lesão à esfera de atribuições constitucionais do juiz.

Do mesmo entendimento, destaca-se a sentença n. 276, de 6.7.2000 dep. il., 13.7.2000, que declarou infundadas as questões de legitimidade constitucional dos arts. 410, 410 *bis*, 412 *bis*, do Código de Processo Civil, que determinam, como condição à tramitação da demanda, a tentativa obrigatória de conciliação nas controvérsias de trabalho. Ressaltou ainda, a Corte, a relevância social de fixação da conciliação extrajudicial como filtro.

Em outra decisão que merece destaque, a Corte Constitucional, na sentença n. 278, de 13 de julho de 2000 afirmou a constitucionalidade do "filtro" da conciliação obrigatória pré-processual, mas também destacou a relevância social, inclusive no interesse geral de ativar a máquina da justiça, para torná-la mais eficiente, em consonância com o art. 24 da Constituição.

Atualmente, as hipóteses de não ser a demanda suscetível de tramitação "improcedibilitá" são as seguintes:

— não haver promovido a tentativa obrigatória de conciliação antes do oferecimento da demanda; ou

— haver promovido tal tentativa, mas apresentar a demanda sem a observância do prazo de 60 dias, não obstante tenha seguido a tentativa e seu desenvolvimento sem êxito.

No último caso, não há que se falar em suspensão do processo para o "espletamento" (requerimento de tentativa de conciliação), visto ter ocorrido a tentativa de acordo.

A disciplina do instituto de conciliação está harmonizada com a tutela constitucional estabelecida no direito de ação judicial, fixado no art. 24 da Constituição Italiana.

Portanto, está consagrado o entendimento doutrinário e jurisprudencial no sentido de que a obrigatoriedade da tentativa de conciliação extrajudicial, antes da apresentação da demanda judicial, não representa um obstáculo ao direito de ação judicial estabelecido no art. 24 da Constituição Italiana.

Ressalte-se, ainda, o cristalino entendimento jurisprudencial de decretação da inconstitucionalidade de qualquer comando que determine a obrigatoriedade da arbitragem, consoante Corte Const., n. 328, de 24.7.98, e Corte Const. n. 152, de 9.5.96.

8.3. Exclusões

Representa um problema individualizar exatamente as controvérsias do trabalho e procedimentos, que devem obrigatoriamente ser precedidos da necessária tentativa de conciliação, a fim de que possam ser apresentados pela ação judicial.

a) Procedimentos Coletivos

A primeira exclusão refere-se aos procedimentos coletivos, por meio dos quais o sindicato (natureza coletiva) está legitimado a agir em juízo a tutela de um direito próprio, bem como dos litígios envolvendo as organizações sindicais de empregados e empresarial.

O Decreto Legislativo n. 80/98 fala de tentativa obrigatória de conciliação, referindo-se expressamente às controvérsias de trabalho individuais para as relações de dependência privada (*vide* arts. 409 e 410 do CPC) ou para as relações de dependência pública (art. 69 combinado com o art. 68 do Decreto Legislativo n. 80/98). Portanto, restam excluídas as controvérsias coletivas da obrigação de prévia tentativa de conciliação.

b) Procedimentos Previdenciários

As controvérsias previdenciárias foram excluídas da reforma do Decreto Legislativo n. 80/98, em razão da ineficácia da conciliação extrajudicial da obrigação da tentativa de conciliação, visto que o art. 413 do Código de Processo Civil determina o prévio procedimento administrativo.

c) Procedimentos Concursais

Os procedimentos concursais estão disciplinados pela Lei Falimentar n. 267/42, possuindo procedimento especial, sendo inaplicável a regra geral de tentativa obrigatória de conciliação.

d) Procedimentos Especiais de urgência, cautelares e monitórios

Vale ressaltar o disposto no art. 412 do Código de Processo Civil, com a redação dada pelo art. 39 do Decreto Legislativo n. 80/98, segundo o qual a ausência de tentativa de conciliação não preclui a concessão dos provimentos especiais de urgência e cautelares, previstos no capítulo III, título I, do Livro quarto do "Codice de Procedura Civile", visto que a tutela cautelar não pode ser limitada em razão de sua finalidade instrumental, sendo que a tentativa de conciliação representaria limitação, acarretando a pena de inconstitucionalidade.

A título exemplificativo, destacamos alguns provimentos de especial urgência encontrados em matéria laboral na legislação italiana, senão, vejamos: reintegração ao posto de trabalho de dirigentes sindicais — art. 18, inc. I, da Lei n. 300/70, mandato de repreensão por comportamento discriminatório praticado pelo empregador — art. 15 da Lei n. 903/77, ordem de pagamento de quantia, com perigo de grave prejuízo por seu atraso — art. 423 do CPC.

Com relação aos provimentos cautelares, verificamos o seqüestro quando a causa está em curso — art. 670 e seguintes do Código Processual Civil, art. 700 do Caderno Processual Civil.

Na hipótese de ausência de apresentação da tentativa de conciliação, deverá ocorrer a suspensão do processo por parte do juiz, pelo prazo peremptório de 60 dias, para propor a petição de tentativa de conciliação estabelecida pelo art. 412 do Código de Processo Civil.

Em tais hipóteses, não são aplicáveis os comandos do art. 410 da norma processual italiana, no que tange à obrigatoriedade da tentativa de conciliação, visto que tais oposições não acarretam uma demanda judicial.

8.4. Conciliação em Sede Sindical

A Lei n. 533/73 não estabelece uma disciplina analítica do procedimento da conciliação sindical, o qual se encontra integralmente estabelecido nos contratos e acordos coletivos, conforme determina o art. 410 do Código de Processo Civil. No entanto, a doutrina e jurisprudência majoritárias sustentam a validade da conciliação sindical, ainda que não esteja disciplinada e pré-determinada pelo contrato ou acordo coletivo, desde que a conciliação tenha ocorrido com a efetiva assistência ao trabalhador, prestada por parte do representante sindical (*Cass. Sent.* ns. 1.482/82 e 5.274/87).

O procedimento estabelecido nos contratos coletivos evidentemente poderá ser também utilizado por sujeitos pertencentes à entidade sindical que não aderiram à negociação coletiva.

A contratação coletiva não pode alterar a natureza facultativa da conciliação sindical, impedindo ao interessado de percorrer alternativamente e livremente a tentativa de conciliação em sede administrativa, consoante está previsto no art. 410, inciso I, do Código de Processo

Civil, existindo plena discricionariedade a favor do interessado (Cass. Sent. ns. 624/80 e 6.396/82).

Geralmente, os vários contratos coletivos fixam que o procedimento se inicia com a instância de uma parte perante o órgão sindical, com sede no lugar em que ocorreu a controvérsia de trabalho e em que esteja filiado.

A conciliação sindical pode ser considerada não impugnável, desde que tenha ocorrido a intervenção do sindicato de maior representatividade na base nacional, por coerência com o disposto no art. 410, inc. 4, da norma processual.

A jurisprudência, por sua vez, considera suficiente que o trabalhador tenha sido assistido pelo próprio representante sindical pertencente à organização sindical a qual esteja filiado, sendo irrelevante que tal sindicato seja o de maior representatividade dentro da base nacional, (Cass, 22 ottobre 1991, n. 11.167, e Cass. Sent. n. 908/95).

Igualmente, irrelevante é a presença do representante da organização sindical empresarial, a menos que tal participação tenha sido prevista no contrato coletivo. Da mesma forma se apresenta irrelevante a assistência de advogado (Cass. 22 ottobre 1991, n. 11.167). Portanto, a presença do Sindicato é para zelar pela expressão de vontade do trabalhador, o qual deve ser tutelado, diversamente do empregador que é o sujeito forte da relação laboral.

Normalmente, as Comissões de Conciliação são compostas de um representante da associação sindical do empregador competente pelo território e um representante da organização sindical, da qual o trabalhador está inscrito ou conferiu o mandato.

A jurisprudência sustenta que o trabalhador possa prestar aquiescência à conciliação realizada pela associação sindical com comportamento inequívoco ou pela ratificação tácita, sendo desnecessário que o *verbale di conciliazione* contenha uma aprovação por escrito do trabalhador, por inaplicabilidade do art. 1.341, inc. 2, do Código Civil. (Cass. sent. ns. 3.814/77, 3.501/78, 3.037/81, 746/82, 5.274/87 e 1.804/88). Contudo, tal entendimento jurisprudencial não é absolutamente convincente, visto que a conciliação firmada pelo Sindicato pressupõe um explícito mandato do trabalhador (Cass. Sent. ns. 1.253/82, 1.484/82, 2.039/82 e Cass. 11 dicembre 1999, n. 13.910).

Segundo o disposto nos três parágrafos do art. 411 do Código de Processo Civil, compete ao diretor ou delegado convocar as partes que subscreveram o termo verbal de conciliação em sede sindical (conciliadores, partes e representantes das organizações sindicais intervenientes) e depois, verificada a identidade, eles mesmos devem subscrever o mesmo termo, ressaltando que o seu conteúdo é autêntico.

O procedimento administrativo de autenticação adquiriu uma fisionomia totalmente diversa e, bem mais simplificada, reduzindo-se apenas à verificação da autenticidade das assinaturas dos conciliadores, previamente ao depósito perante o Ofício.

Portanto, após a verificação da autenticidade, o diretor ou seu substituto providenciam o depósito do termo de conciliação sindical perante chancelaria do Tribunal, em cuja circunscrição fora realizada.

Após a certificação de regularidade formal, o Tribunal notifica, às partes interessadas, que declarou executivo o termo de conciliação por decreto. Desse modo, a parte interessada poderá utilizar tal título executivo para poder executar o seu crédito.

Vale ressaltar que o Tribunal deve verificar se a base da conciliação deriva de uma relação de trabalho contemplada pelo art. 409 do Código de Processo Civil e se a conciliação em sede sindical respeitou a formalidade prevista na contratação coletiva.

O procedimento descrito refere-se exclusivamente à eficácia executiva do termo verbal de conciliação sindical e não incide de algum modo na essência negocial da conciliação, a qual está protegida pela não sujeição de impugnação, conforme art. 2.113 do Código Civil (Cass. 26 luglio 1984 n. 4.413: Cass. 3 luglio 1987, n. 5.832; Cass. 30 agosto 1991, n. 9.241; Cass. Sent n. 6.558/95).

No entanto, quando não seja deferida a autenticidade formal do termo de conciliação pelo "Ufficio del Lavoro" ou pelo Tribunal, precluise a possibilidade de obter a eficácia executiva, podendo o trabalhador usar a via monitória ou a cognição ordinária para obter do empregador o adimplemento da obrigação.

Portanto, o experimento de tentativa de conciliação em sede sindical é um modo homogêneo e organizado de comissões paritárias permanentes de conciliação em sede sindical.

8.5. Conciliação em Sede Administrativa

O art. 2.113, último inciso, do Código Civil, considera válida e não impugnável a conciliação realizada perante a "Comissione" instituída em cada província ligada à Direção Provincial do Trabalho.

A "Comissione" é um órgão público, de composição paritária sindical, criado pela Lei n. 533/73, cuja composição é de um diretor, ou de um presidente, além do representante do trabalhador e do empregador respectivamente das organizações sindicais de maior representatividade na base nacional.

O objeto da tentativa de conciliação extrajudicial em sede sindical ou administrativa refere-se a qualquer controvérsia individual atinente à relação de trabalho prevista no art. 409 do Código de Processo Civil. Desse modo, verifica-se que a competência material da "Comissione" é a mesma conferida ao Juízo do Trabalho.

Em decorrência da recente alteração introduzida pelo inciso 5, do art. 413 do Código de Processo Civil, é indispensável a devolução ao Juízo Ordinário das controvérsias em matéria de público emprego. Destaca-se que, em tais hipóteses, a competência territorial relativa às relações de trabalho dependentes da Administração Pública refere-se à sede do Ofício, na qual era ligado o trabalhador, ou que estava ligado no momento da cessação da relação laboral.

Desse modo, o art. 413 do Código de Processo Civil estabelece a competência da "Comissione", razão pela qual resta sem efeito a tentativa de conciliação realizada perante órgão incompetente, deixando de ser instrumento idôneo a constituir uma condição para o oferecimento da demanda prevista no art. 412 do Código de Processo Civil.

O procedimento em sede administrativa é sujeito a uma norma precisa, consoante art. 410 e seguintes do Caderno Processual Civil, com a redação dada pelo Decreto Legislativo n. 80/98 e sucessivo Decreto Legislativo n. 387/98.

As Comissões estão ligadas à "Direzione Provinciale del Lavoro", e "Collegio di conciliazione" (nas controvérsias de trabalho privado se recorre às "Comissiones"), presidido por um dirigente da Direção Provincial do Trabalho, com a participação de representantes nomeados respectivamente pelas partes.

A instância do "espletamento" (requerimento de tentativa obrigatória de conciliação) vem apresentada diretamente pelo trabalhador ou de seu procurador com poderes especiais perante a Direção Provincial do Trabalho.

O art. 36 do Decreto Legislativo n. 80/98 introduziu a comunicação da apresentação da "richiesta" (petição) perante a comissão, sendo o marco inicial do prazo de sessenta dias, no qual se considera realizada a tentativa de conciliação e observada a condição para a apresentação da demanda. Ademais, a partir da data da comunicação, inicia-se o efeito interruptivo da prescrição e suspensivo, durante a tentativa e nos vinte dias sucessivos para o decurso da decadência. Tal comunicação deverá ser feita por escrito, com data certa, assinada pela parte, sendo *ad probationem*, no caso em que a parte contrária invoque exceção.

Com efeito, a "richiesta" de tentativa de conciliação deverá ser apresentada com exata e completa indicação dos seus sujeitos (parte requerente e parte requerida) e dois elementos objetivos — "título" (*causa petendi*) e "objeto" (*petitum*), em conformidade com a demanda que será proposta perante a autoridade judiciária, contendo exatamente os mesmos elementos, visto que a diversidade importa em considerar que não foi atendida condição ao oferecimento da demanda no que tange à tentativa de conciliação.

Desse modo, é da parte requerente da tentativa de conciliação o ônus de precisar e formalizar a própria pretensão, a qual será objeto de contencioso judiciário, na hipótese de não ser firmado o acordo.

Na hipótese de "richiesta" verbal é oportuno que seja reduzida a termo perante a Direção Provincial do Trabalho e assinada pela parte, anotando-se analiticamente: a nomeação e endereço do requerente e da parte contrária, os eventuais dados normativos e contratuais, assim como os documentos que fundamentam a demanda (contrato de trabalho, contrato coletivo e recibo de salário).

Somente com a precisa indicação de tais dados, a "Comissione" está posta efetivamente na condição de conhecer os termos da contenda e realizar de forma mais eficiente a tentativa de conciliação entre as partes, que se caracteriza como sendo o seu ponto principal.

A "Comissione" recebe a comunicação de "richiesta" de tentativa de conciliação, verificando preliminarmente a própria competência material e territorial. Na hipótese de verificação de vício de competência material, declara que a "richiesta" não está suscetível de tramitação, e, quando apura a incompetência territorial, defere o prazo de dez dias para a parte requerente sanar o defeito, cujo prazo não é peremptório.

A providência de fixação da reunião perante a "Comissione" deve ser comunicada às partes requerente e requerida, com a apresentação de uma cópia da "richiesta"- requerimento. As partes (empregado e empregador) devem e podem participar pessoalmente da "Comissione", sendo que é facultado, em consonância com o art. 420 do Código de Processo Civil, serem representadas por procurador com poderes gerais e especiais, e que possua conhecimento dos fatos.

A possibilidade de acesso à autoridade Judicial ocorre após o decurso do prazo de 60 dias da "richiesta" de tentativa de conciliação, a qual deverá ser documentada. No caso de ausência de ambas partes ou de uma das partes, a "Comissione" deve redigir uma "verbale mancata presenza" (atestado de ausência das partes), que equivale a acordo não realizado (inconciliados), o que atende ao requisito legal, conferindo a possibilidade de acesso à autoridade judiciária.

Quando o juiz verifica que não fora promovida a tentativa de conciliação, ou fora apresentada antes do decurso do prazo de 60 dias no emprego privado e de 90 dias no público emprego, determina suspensão do juízo e fixa à parte o prazo de 60 ou de 90 dias para promover a tentativa de conciliação, conforme art. 412 do Código de Processo Civil.

Após o provimento judicial de suspensão do processo para o experimento da tentativa de conciliação, poderão ocorrer duas hipóteses: a ausência da tentativa de conciliação ou a ausência de impulso ao processo dentro do prazo de 180 dias, mesmo tendo ocorrido à observância de prévia tentativa extrajudicial de conciliação. Na primeira hipótese, aplica-se a regra do art. 279, inciso 2, n. 2, do Código de Processo Civil, por meio da qual o juiz profere decisão que soluciona questão prejudicial. Por outro lado, na segunda hipótese, opera-se a extinção do processo por inércia da parte, na forma do art. 307, inciso 3, do Código de Processo Civil. No entanto, tal opinião comporta divergência, pois grande parcela da doutrina considera que ambas as situações gera a extinção do processo por aplicação dos arts. 307, inciso 3 e 308 da norma processual.

O texto legal prevê que a "improcedibilitá della domanda" (condição de não ser suscetível de tramitação) seja alegada como exceção pelo réu na contestação (art. 416 do CPC); entretanto, não ocorre decadência nem preclusão diante da possibilidade de decretação de ofício na primeira audiência. Portanto, a norma não fixa uma conseqüência decorrente da ausência de oferecimento da exceção processual na primeira audiência.

Ocorre, também, a possibilidade das partes comparecerem, mas não chegarem a um acordo. Em tal circunstância, o art. 38, do Decreto Legislativo n. 80/98, com a nova redação dada ao art. 412 do Código de Processo Civil, determina que o termo de ausência de conciliação deva conter os motivos da não-efetivação do acordo, o que facilitará ao Juiz apreciar os limites da controvérsia.

O processo verbal em referência deverá ser depositado, a cargo das partes ou do Ofício Provincial do Trabalho, perante a chancelaria do Tribunal da circunscrição, a fim de que possa ter efeito de título executivo, cujo inadimplemento poderá facultar a execução na forma preconizada no art. 474 do Código de Processo Civil.

Na existência de vício de gênero será dada sempre a possibilidade do trabalhador de impugnar a conciliação, desde que presentes as hipóteses previstas no art. 2.113 do Código Civil.

Caso o processo verbal não seja depositado, não terá eficácia executiva, possuindo valor de escritura privada autêntica e podendo, na forma do arts. 411 Código de Processo Civil e 2.113 do Código Civil, fazer-se valer da via judiciária ordinária ou monitória.

Todo o procedimento perante as comissões não gera qualquer despesa às partes, sendo gratuito. O custeio é feito mediante previsão orçamentária, denominada "nomina" do "Ministério di Lavoro". Cada província da Itália possui sua respectiva comissão, havendo vários colégios, como é o caso de Roma, que funcionam simultaneamente.

8.5.1. Tentativa obrigatória de Conciliação — Administração Pública

As relações de trabalho da Administração Pública foram devolvidas a partir de 1º de julho de 1998 à Autoridade Judiciária Ordinária, consoante Decreto Legislativo n. 80/98 e Decreto Legislativo n. 387/98, determinando a obrigatoriedade da prévia tentativa de conciliação extrajudicial antes de poder recorrer ao Poder Judicial.

A *richiesta* da tentativa de conciliação deverá ser redigida por escrito, sendo normalmente realizada pelo trabalhador, sendo consignada no Ofício Provincial do Trabalho na circunscrição administrativa em que o trabalhador está vinculado ou que estava, por ocasião da cessação da relação de trabalho.

Tal *richiesta* deverá ser enviada ao órgão administrativo a que pertencia o trabalhador, sendo que na hipótese de rejeição à pretensão avençada, determina-se o depósito no prazo de 30 dias a partir do recebimento da *richiesta* perante o Ofício (*Direzione*) provincial do trabalho com observações escritas, destacando as razões e exceções para o não-acolhimento da pretensão (de maneira análoga à memória de contestação) preconizada no art. 416 do Código de Processo Civil.

Ressaltamos que o trabalhador e a administração deverão indicar um representante no Colégio, o qual deverá constituir uma intervenção nominada. O art. 69 do Decreto Legislativo n. 29/93, com a redação conferida pelo Decreto Legislativo n. 80/98, não esclarece quais são as conseqüências derivadas da eventual inércia da Administração Pública, na nomeação do próprio representante perante o colégio interno de conciliação.

Resulta evidente que a Administração Pública deverá, em primeiro lugar, designar o seu representante perante o colégio de conciliação e também o seu procurador, munido de poderes de conciliar, para realizar a tentativa de conciliação.

O art. 69, inciso 5, do Decreto Legislativo n. 29/93, prevê expressamente que tais conciliações não se aplicam às disposições do art. 2.113 do Código Civil, estendendo-se à conciliação nas controvérsias de público emprego a regra de não-impunibilidade. Dita conciliação representa (sem o necessário depósito perante o Tribunal) título executivo e resulta em dificuldade explicar a diversidade de tratamento com as relações de emprego privadas. Na ausência de tentativa de conciliação, a demanda judicial carece de condição de ser suscetível à tramitação.

O art. 32 do Decreto Legislativo n. 80/98 prevê expressamente que a conciliação da lide pelo representante da administração, que adere à proposta conciliativa do colégio, não pode dar lugar à responsabilidade administrativa.

O legislador, após estabelecer a obrigatoriedade da tentativa de conciliação, sob pena de *improcedibilitá* (não ser suscetível de tramitação), fixa, no citado art. 31 do Decreto Legislativo n. 80/98, que a demanda poderá ser apresentada, transcorrido sem êxito o prazo de 90 dias da apresentação da "richiesta do espletamento" da tentativa de conciliação, sendo que, de modo análogo para as controvérsias do emprego privado, o prazo é de 60 dias.

Nos trinta dias sucessivos ao recebimento da *richiesta*"de conciliação, a administração pública tem que depositar suas observações escritas, bem como a indicação de seu representante perante o colégio de conciliação. Nos dez dias subseqüentes, o presidente do colégio fixa a data de comparecimento das partes. Na hipótese de celebração da conciliação, o termo é redigido, tendo automaticamente força de título executivo.

No caso de ausência de acordo, o colégio formulará uma proposta para composição da controvérsia. Com a finalidade de incentivar a conciliação, o legislador, no último inciso do art. 69 da citada norma, isenta de responsabilidade o funcionário que representa a administração em sede de conciliação extrajudicial, assim como judicial.

Tanto no trabalho privado como na relação de público emprego, a tentativa de conciliação se caracteriza como condição para o oferecimento da demanda judicial. Na relação de público emprego, considerase atendida a exigência legal, quando apresentada a demanda, transcorrido o prazo de 90 dias, após ter sido promovida a tentativa de conciliação.

Na hipótese de ausência de acordo, a Administração Pública poderá apresentar memória a ser depositada pelo menos dez dias antes da audiência, que possibilita a modificação ou complementação do próprio conteúdo da defesa, bem como propor nova exceção processual. Tal determinação legal é amplamente favorável à Administração Púbica, contendo tratamento diverso das controvérsias referentes à relação privada, fixando previsão contrária ao disposto no art. 416 do Código de Processo Civil.

O art. 65 do texto único sobre público emprego (Decreto Legislativo n. 165, de 30.3.2001) prevê a tentativa de conciliação nas controvérsias individuais e específica que o procedimento deverá ser previsto nos contratos coletivos ou se desenvolve perante o "Collegio de Concillizione", observando as disposições do art. 66 do recente Texto Único.

A demanda judicial é considerada suscetível de tramitação, após o transcurso do prazo de 90 dias a contar da promoção da tentativa de conciliação. Diversamente do procedimento na relação de emprego privada, as partes deverão, no prazo de 30 dias, indicar perante a Direção Provincial do Trabalho os seus representantes.

Igualmente, destaca-se que o acordo redigido é automaticamente executivo (art. 68-*bis* do Decreto Legislativo n. 29/93), o que difere da relação privada, cuja executoriedade depende de ato do juiz.

8.6. Críticas — Reforma Introduzida pelo Decreto Legislativo n. 80/98

É louvável a tentativa do legislador de criar um filtro de acesso ao Poder Judicial. Contudo, a reforma não alcançou o fim colimado, pois teria que vir acompanhada de um incremento do órgão judicial, já que houve um sensível acréscimo com a remessa dos processos do público emprego para a jurisdição ordinária.

Criou-se a previsão de obrigatoriedade da tentativa de conciliação, sem, contudo, ter ocorrido o aumento da estrutura periférica mediante a criação de outras "Comissioni". Além disso, a doutrina destaca que não existe justificativa razoável para sustentar as distinções na conciliação prevista para o emprego privado e o público.

Alguns doutrinadores, como *Gianni Loy*,[120] destacam que a certeza das partes de uma solução rápida é um incentivo à utilização das soluções extrajudiciais. Contudo, ressalta a notória preferência pela decisão judicial. Com maestria aborda que a estrada da via judicial e

(120) LOY, Gianni (a cura di). *La nuova disciplina della conciliazione e dell'arbitrto.* Milano: CEDAM, 2000, pp. 4-6.

extrajudicial não são opções que se afastam, mas caminham com respectiva influência, visto que a opção pela via extrajudicial não deve decorrer da ineficiência e demora do processo judicial, mas sim de sua efetividade.

O Professor *Giancarlo Perone*[121] leciona que o acesso à jurisdição ordinária está subordinado a uma preventiva tentativa de conciliação, fulcrado na esperança de evitar o recurso ao Judiciário. Contudo, a efetividade dos resultados não demonstra um avanço, visto que o caráter obrigatório não assegura seu êxito. O incremento dos acordos decorre da disponibilidade das partes, o que independe da interferência da autoridade estatal. Ressalta que "L'obbligatorietà del tentativo, di per sé, difícilmente puó contribuire a rafforzare la voluntá privata. Al contrario, l'obbligatorietà rischia di transformarsi in ulteriore ostacolo alla celere definizione del contencioso."

O inciso I, do art. 69 do Decretos Legislativo n. 29 de 1993, com a modificação do art. 31 pelo Decreto Legislativo n. 80 de 1998, representa uma novidade a respeito do modelo previsto no Código de Processo Civil, pois apresenta um maior rigor procedimental da tentativa de conciliação, inclusive na composição do órgão conciliativo.

Ressalta *Perone* que a opção do legislador em disciplinar de forma diversa a conciliação nas controvérsias dos dependentes da administração pública é inoportuna, mas constitucionalmente legítima. O mesmo autor destaca que a mais evidente diferença de procedimento refere-se ao prazo do *espletamento,* que é de 90 dias, enquanto na relação privada é de 60 dias, na forma do art. 410 do Código de Processo Civil. Outra diferença importante, cuja constitucionalidade é discutível, refere-se à possibilidade da administração pública modificar ou alterar a própria defesa nos dez dias anteriores à audiência, visto que não existe comando similar em todo o Código de Processo Civil italiano.

O referido art. 69 regula a composição do colégio de conciliação, que é um órgão expressamente constituído e presidido pelo Diretor do Ofício do Trabalho ou de seu delegado, e de um representante do trabalhador e da administração pública; enquanto, nas relações de trabalho privado, a comissão de conciliação é um órgão estável e permanente do ofício do trabalho.

Ao analisar as alterações introduzidas pelo Decretos-Legislativos ns. 29/93, 80/98, 396/97 e 387/98, *Franco Carinci* e *Massimo*

(121) PERONE, Giancarlo. Texto fornecido pelo autor.

D'Antona[122] ressaltam que a reforma do Processo do Trabalho em 1973 liberou a demanda judicial do condicionamento da atividade pré-processual, valorizando a conciliação extrajudicial de uma perspectiva autônoma. No entanto, a alteração legislativa de 1998 representa um retrocesso, pois ao determinar a obrigatoriedade da conciliação preventiva acabou criando condição para o ajuizamento da demanda, com o risco de gerar proliferação de questões processuais, acarretando o desvio de sua finalidade específica.

Luigi Batista[123] proferiu comentários sobre a reforma introduzida pelos Decretos Legislativos ns. 80/98 e 387/98, sob o enfoque da constitucionalidade, assim como sobre a eficiência de tais modificações. Primeiramente, o referido autor destaca que a instituição da conciliação obrigatória criou a jurisdição condicionada, não sendo (*per se*) contrária ao art. 24 da Constituição. Para tanto, destaca que a Corte Constitucional, na sentença de n. 82, de 4 de março de 1982 (em "Foro It.", p. 1.023), sustenta que o art. 24 da Constituição não comporta interesse no imediato exercício do direito de ação, cuja tutela de um direito não venha condicionada ao prévio experimento de uma diversa tutela jurisdicional.

Contudo, argumenta o citado *Luigi Batista* que tais aspectos não justificam a atual condição de subordinação da ação, pois não encontra fundamento transferir ao trabalhador uma condição de procedimento ao livre exercício da ação judiciária, quando a previsão constitucional representa uma barreira para a garantia da tutela à jurisdição assegurada no art. 24 da Constituição, inclusive pelo fato de que o exercício da função jurisdicional é absoluto por parte dos magistrados ordinários, cuja atividade é regulada pelo próprio ordenamento judiciário (art. 102, inciso I Cost.). Destaca, ainda, *Luigi Batista* que a alteração legislativa afeta, frontalmente, a liberdade sindical de administrar as controvérsias individuais do trabalho, pois fere a autonomia coletiva, criando um instrumento extrajudicial legalizado, esvaziando a ação sindical e, cuja constitucionalidade é discutível diante do conteúdo dos arts. 70, 76 e 77 da Constituição.

Além disso, não se pode deixar de considerar que a tentativa obrigatória de conciliação para a resolução extrajudicial das controvérsias do trabalho possa ser incluída como pressupostos processuais, diante do binômio entre a titularidade substancial e da ação, o qual está condicionado

(122) CARINCI, Franco; D'ANTONA, Massimo. *Il lavoro alle dipendenze delle amministrazioni publiche*, t. 3, Milano: Giuffrè, 2001, pp. 1.903-1.907 e pp. 1.940-1.945.

(123) BATISTA, Luigi. *Le nuove conciliación e gli arbitrati nelle controversie di lavoro*. 2. ed. Il sole 24 ore, 2000, pp. 79-91.

ao efetivo adimplemento da preventiva tentativa de conciliação de forma obrigatória. Considerando que o efeito decorrente da ausência de experimento seja a mera suspensão do juízo e não uma decisão, poder-se-ia sustentar tratar de condição de "proponiblitá" e não de "procedibilitá".

8.7. Projeto de Reforma

Em conseqüência da crise do Processo do Trabalho e da censura determinada pela Corte de Estrasburgo, em razão da demora dos processos italianos com relação a dos outros países da União Européia, determinou-se a formação no princípio de 2003 de uma comissão para o estudo da revisão das normas processuais e do trabalho. ("Comisión para el Estudio y Revisión de las Normas Procesales del Trabajo") que qual está presidida por Raffaele Foglia.

O texto da reforma em estudo propõe a manutenção da intenção da obrigatoriedade de conciliação como antecedente da apresentação da demanda judicial, de acordo com o art. 410 do CPC, excluindo-se as controvérsias de Seguro Social, controvérsias que comportam procedimentos sumários ou de urgência, bem como os litígios pertinentes às relações de trabalho previstas no art. 68 do Decreto Legislativo n. 29/1993.

Estabelece que o intento de conciliação poderá ser conduzido pessoalmente pelo juiz, que pode designar um conciliador, escolhendo livremente o "Perito de Conciliación". Dentro de cada tribunal, será instituída a seção composta por *peritos* em matéria laboral, sendo presididas pela seção de trabalho de cada tribunal. Poderão funcionar como conciliadores: professores universitários em matéria laboral, judicial e comercial, de comprovada experiência no campo do trabalho, consultores do trabalho, sindicalistas e funcionários da Direção Provincial e Regional do Trabalho.[124] Mantendo-se o texto do art. 412 do Código de Processo Civil, com relação à possibilidade de conciliação sindical, conforme contratação coletiva subscrita para associação sindical de maior representatividade adstrita para direção Provincial do Trabalho.

Da análise do projeto, verifica-se que persiste o modelo italiano de pretender que pela intervenção legal se possa ajudar o desenvolvimento dos instrumentos extrajudiciais, que não gerou êxito com a reforma de 1998, tampouco segue as observações atuais da doutrina.

---

(124) Os conciliadores receberão remuneração do Estado, de 200.000 liras, qualquer que seja o resultado da conciliação, sendo elevada para 300.000 liras quando se efetive a conciliação, ou de 150.000 liras, quando a conciliação não se realizar pela ausência de uma ou de ambas as partes.

Portanto, constata-se que, na Itália, a intenção da conciliação extrajudicial não alcança o êxito da Espanha, modelo que serviu de paradigma para nossos estudos. Não se verificou o desenvolvimento dos mecanismos extrajudiciais de origem convencional, revelando a fragilidade da negociação coletiva em tal tema. Apresenta um nível de dificuldade diferente com relação ao Brasil, pois, na Itália, o tema contém segurança jurídica, já que a obrigatoriedade de submissão à conciliação extrajudicial é considerada compatível com o art. 24 da Constituição.

CONCLUSÃO

Após o exame da doutrina e jurisprudência nacional e da estrangeira, principalmente da Itália e da Espanha, tentaremos emitir nossos comentários finais a respeito do tema que nos propusemos desenvolver.

Inicialmente, gostaríamos de ressaltar que a certeza das partes de uma solução rápida é um incentivo à utilização das soluções extrajudiciais. No entanto, a estrada da via judicial e extrajudicial não são opções que se afastam, mas caminham com respectiva influência, visto que a opção pela via extrajudicial não deve decorrer da ineficiência e demora do processo judicial, mas sim de sua efetividade.

Na verdade, a mola que impulsiona os mecanismos autônomos de solução dos conflitos laborais é a autonomia coletiva, por meio da qual as partes exercitam sua capacidade de solucionar a respectiva conflitividade. Estamos dentro de uma sociedade em que as partes e o Estado devem trabalhar juntos para a redução da conflitividade e da busca de soluções alternativas. A atuação do Estado pode ser destacada no próprio custeio dos sistemas extrajudiciais, como ocorre na Itália e na Espanha, assegurando a total gratuidade às partes.

Especificamente, com relação à Espanha, podemos destacar que o incremento da negociação coletiva é, sem dúvida, o caminho para efetuar os mecanismos eficientes de solução dos conflitos do trabalho. Para compreender as dificuldades na eficiência dos mecanismos autônomos da solução dos conflitos, é imprescindível destacar que Espanha possui uma tradição jurídica fundamentada no monopólio da Lei, assim como de sua aplicação e defesa por órgãos administrativos e judiciais, ante os outros meios fundamentados no consenso. Não obstante, ressaltamos que uma conscientização social sobre a inconveniência de tal situação vem gerando alterações de alcances diferentes.

Na perspectiva judicial, observa-se uma evolução na relação entre os procedimentos autônomos de solução dos conflitos e o direito a tutela previstos no art. 24 da CE, que abarca desde a aceitação processual de sua obrigatoriedade, quando assim se estabelece o convênio, até a vinculação individual a seus resultados.

Ademais, comprovamos um maior desenvolvimento das Comunidades Autônomas, com relação aos sistemas gerais, por ser produto de acordos prévios dentro das categorias profissionais. O Estado vem desempenhando satisfatoriamente seu papel, bem como firmando acordos nos quais se responsabiliza pelo financiamento de todos os gastos referentes ao sistema de solução extrajudicial.

Antes da criação dos mecanismos de solução extrajudicial dos conflitos do trabalho, não existia nenhum procedimento para as controvérsias coletivas de interesses, que resultavam necessariamente nas greves. Com o desenvolvimento do novo canal de solução, demonstraram excelentes resultados, tendo sido evitados muitos movimentos paredistas e, por conseqüência, a inatividade dos trabalhadores.

O estudo do mecanismo italiano revela que a intenção do legislador com a reforma de 1998, que tornou obrigatória a tentativa de conciliação extrajudicial, não alcançou o fim colimado.

Primeiramente, determinou-se a obrigatoriedade da tentativa de conciliação extrajudicial, mas não houve o incremento do número de Comissões Administrativas nem no nível sindical.

Na verdade, a disposição do art. 410 do Código de Processo Civil, não tem sido filtro para tornar o Judiciário mais eficiente, até porque o simples decurso do prazo de sessenta dias na relação privada e de noventa dias no público emprego, após o "espletamento", já configura o atendimento da exigência legal.

Estivemos em sessões de conciliação perante as Comissões Administrativas, quando verificamos que se trata de um expediente formal e que não serve de incentivo às conciliações.

Além disso, a disparidade de procedimento da conciliação extrajudicial na relação de emprego privada e pública também não encontra, sob nossa ótica, qualquer fundamento, criando dois tratamentos diversos dentro da mesma sistemática do Processo Laboral.

Portanto, constatamos que, na Itália, a tentativa de conciliação extrajudicial representa um retardamento não eficiente para a efetivação da tutela judicial. Ademais, ao tornar obrigatória a tentativa de conciliação extrajudicial com a fixação de normas, o legislador enfraqueceu a autonomia coletiva que é a verdadeira mola propulsora da efetividade das soluções extrajudiciais.

Na análise comparativa da efetividade dos sistemas autônomos da Itália em relação à Espanha podemos verificar que, no país ibérico, os resultados são animadores e caminham junto com a reforma laboral a partir de 1994, evolução jurisprudencial com total compatibilidade de tais mecanismos com o princípio da tutela judicial (art. 24.1 da CE) e, ainda, do envolvimento das entidades sindicais na busca de meios alternativos eficientes. No entanto, tal desenvolvimento não foi encontrado na Itália, razão pela qual existe projeto de reforma do Código de

Processo Civil Italiano para manter a obrigatoriedade da tentativa prévia de conciliação e a criação de um mecanismo que seja eficiente.

Na Espanha e na Itália, encontramos duas formas de soluções extrajudiciais, por meio dos órgãos administrativos e em nível sindical, criado pela negociação coletiva. Já na Itália, os instrumentos estabelecidos em nível sindical não encontram o desenvolvimento apurado na Espanha, onde, dentre as 16 Comunidades Autônomas, somente Astúrias não tem acordo "interprofesional", criando e regulamentando as soluções alternativas.

O contato com os estudos da União Européia revela uma preocupação intensa na busca de meios alternativos para solução dos conflitos laborais, estando em exame a criação de um mecanismo uniforme, a ser utilizado em âmbito comunitário.

Oportuno ressaltarmos que os sistemas de relações laborais brasileiro, espanhol e italiano padecem de excessiva carga judicial, seja pelo próprio caráter intervencionista estatal dos primórdios da legislação laboral daqueles países, revelando verdadeiro monopólio do Estado, seja pela ausência de normatização ampla dos mecanismos extrajudiciais.

Não podemos deixar de enfatizar que os pronunciamentos das Cortes Supremas da Itália e da Espanha representam verdadeiro avanço jurisprudencial, no sentido de compatibilidade dos mecanismos extrajudiciais e do princípio da tutela judicial preconizado nos arts. 24 e 24.1 das respectivas Constituições.

Considerando a experiência espanhola e italiana, avaliamos, sob nosso enfoque, os motivos que levam às dificuldades na eficiência da conciliação extrajudicial em nosso país, tendo como ponto de partida a Lei n. 9.958/00. Primeiramente, devemos destacar que o problema nasce com a própria lei que não proporcionou o efetivo envolvimento das entidades sindicais em tal processo, deixando de considerar o grande fator propulsor que é a autonomia coletiva.

Outra questão é a ausência de deliberação a respeito do custeio das Comissões de Conciliação Prévia, o que favorece a fraude constatada em todo o território nacional de cobrança de taxas e percentuais das partes.

Ressalte-se ainda que, no Brasil, o tema também não contempla segurança jurídica, visto que é manifesta a divergência doutrinária e jurisprudencial, no sentido da obrigatoriedade/facultatividade de submissão da pretensão às Comissões de Conciliação Prévia antes da apresentação judicial. Tal instabilidade decorre, inclusive, da existência de Ações Diretas de Inconstitucionalidade que permanecem aguardando julgamento no Supremo Tribunal Federal, desde 2000.

Nas localidades em que as Comissões de Conciliação Prévia foram instaladas e se desenvolvem dentro da legalidade, os resultados vem sendo animadores, conforme abordamos no capítulo da realidade nacional.

Não concordamos com aqueles, com a devida vênia, que sustentam a revogação da Lei n. 9.958/00, o que representará um retrocesso, já que o legislador criou o mecanismo, competindo aos agentes sociais e ao Estado a tarefa de acomodá-lo para a obtenção de sua finalidade.

O sistema espanhol revela que é possível existir um procedimento eficiente de solução extrajudicial dos conflitos laborais, onde houve uma congregação de vontades da classe trabalhadora, da empresarial, dos agentes sindicais, dos magistrados e do próprio Estado para o alcance da finalidade única que é a realização da justiça social.

Estamos vivendo um momento sociopolítico de renovação e busca de novos caminhos para o resgate da paz social dentro do país, o que nos torna otimistas a acreditar nas acomodações necessárias ao tema das Comissões de Conciliação Prévia, assim como no desenvolvimento de outros instrumentos alternativos, para a solução rápida dos conflitos do trabalho.

Sonhamos com uma sociedade melhor, no qual seus integrantes usem o diálogo e o legislador forneça o supedâneo jurídico para a busca do engrandecimento da relação laboral. Necessitamos modificar a cultura judicial e resgatar a autonomia das partes, pois não resta dúvida que a conciliação é o melhor resultado entre os envolvidos em uma controvérsia, uma vez que proporciona uma sensação de paz a cada uma das partes. Desta forma, a mão do Estado-Juiz deve dar espaço à comunidade laboral, a fim de encontrar seus próprios caminhos.

Todavia, não podemos nos esquecer que o Brasil deu apenas seus primeiros passos na busca de solução aos conflitos do trabalho sem a autoridade do Estado.

De outra parte, todo o esforço do Ministério do Emprego e Trabalho não é suficiente para demonstrar o êxito ou insatisfação quanto aos núcleos de conciliação prévia no Brasil, posto que não existem dados estatísticos atualizados acerca do tema, propiciando que a sociedade ative seu "radar" contra aqueles que tentam fraudar os direitos do trabalhador insculpidos no art. 7º de nossa Carta Maior.

O panorama nacional aponta para Reforma Sindical atrelada a mudanças na Legislação Trabalhista, apresenta como requisito para legitimidade sindical a efetiva representatividade e acena para a liberdade sindical.

Todavia, é necessário ressaltar que a via extrajudicial para solução de conflitos deve ter como alicerce o ajuste social e, como conseqüência, as mudanças legislativas, a fim de que o objetivo da comunidade seja atingido.

Logo, não é um sistema de enunciados logicamente concatenados que enseja o êxito no arenoso terreno de solução dos conflitos trabalhistas, mas sim a *concertação social;* esta consegue distinguir os objetivos e acentuar o caráter distintivo das relações de trabalho, apontando para os recursos sistematizadores e procurando capturar o objeto na sua pertinência inseparável ao contexto, qual seja, a satisfação das partes na solução dos conflitos de maneira eficiente e rápida. Nesse diapasão, podemos assegurar que a Espanha, percebendo a necessidade de um grande pacto da sociedade antes de qualquer formulação e promulgação de determinada lei ou conjunto de leis, perseguiu os caminhos verdadeiros, propiciando o sucesso das soluções extrajudiciais, sem deixar ao largo a Segurança Jurídica que é a estrutura da Justiça e Eqüidade.

Finalmente, não se pode perder de vista que as soluções extrajudiciais tem seu fundamento no *interesse público,* porque propicia a efetividade quanto aos direitos e deveres dos envolvidos nas controvérsias trabalhistas, com rapidez e eficácia por meio de resoluções encontradas pelos próprios interessados, alcançando dessa forma a plenitude e o verdadeiro sentido da palavra DIREITO.

BIBLIOGRAFIA

ALEMAN PAEZ, Francisco A. *Las Comisiones Paritarias*. Madrid: Civitas, 1998.

ALONSO GARCÍA, Manuel. *Derecho Procesal del Trabajo*. Tomo I. *Conflictos Colectivos*. Barcelona: Librería Bosch, 1963.

ALONSO MELLADO, Carlos. "Diez Años de Experiencia de Sistemas Extrajudiciales de Solución de los Conflictos Surgidos de la Autonomía Colectiva: Realidad Actual". *Jornadas sobre Derecho Colectivo*. Marzo 2003. Servicio de Formación Continua de la Escuela Judicial.

ALONSO OLEA, Manoel; BAAMONDE, Maria Emilia Casas. *Derecho del Trabajo*. 16. ed. rev. Madrid: Civitas, 1998.

ALONSO OLEA, Manuel; MIÑANBRES PUIG, César; ALONSO GARCIA, Rosa Maria. *Derecho Procesal del Trabajo*. 9. ed. Madrid: Civitas.

AROCA, Juan Montero. *Derecho Jurisdiccional*. 10. ed. Valencia: Tirant lo Blanch, 2000.

AVILÉS, Antonio Ojeda. *Derecho Sindical*. Madrid: Tecnos, 1992.

BATISTA, Luigi. "Le nuove conciliazioni e gli arbitrati nelle controversie di lavoro". Milano: Ed.Il Sole 24 ORE, 2000.

BELSITO, Antonio. "Controversie di lavoro". Bari: Cacucci, 2002. *L'esperimiento del tentativo obbligatorio*.

BELTRAN, Ari Possidonio. *A Autotela nas Relações de Trabalho*. São Paulo: LTr, 1996.

BUENO MAGANO, Octavio. *Suplemento Trabalhista LTr* 129/00, São Paulo, 2000.

CARINCI, Franco; D'ANTONA, Massimo. *Il lavoro alle dipendenze delle amministrazione publiche*. Milano: Giuffré, t. 3, 2001.

CARMONA, Carlos Alberto. *Arbitragem e Processo* — Um comentário à Lei n. 9.307. São Paulo: Malheiros, 1988.

CASAS BAAMONDE, Maria Emília. "El arbitraje en la reforma". *R. Laborales*, octubre 1993 e "Medios Autónomos de Solución de los Conflictos Laborales". *In La Solución Extrajudicial de los Conflictos Laborales*. Junta de Castilla y León.

______. "El arbitraje en la reforma de la legislación laboral". *Relaciones Laborales*, n. 13, jul. 1994, pp. 1 a 7.

______. "Los Procedimientos Autónomos de Solución de los Conflictos Laborales en el Derecho Español". *In Solución Extajudicial de Conflictos Laborales*. Fundación SIMA.

______. "Médios Autónomos de Solución de los Conflictos Laborales en el Derecho Español". *In Solución Extajudicial de Conflictos Laborales, II Congreso de Castilla-León — Relaciones Laborales*. Valladolid: Junta de Castilla-Léon, 2001.

CASTILLO, Niceto Alcalá-Zamora. *Proceso, Autocomposición y Autodefensa*. Mexico: Unan, 1970.

CHIOVENDA, José. *Principios de Derecho Procesal Civil*. Tomo I. Madrid: Reus, 2000.

CHOCRÓN GIRÁLDEZ, Ana María e SÁNCHES-ARJONA, Mercedes. "Llorente". *In Notas sobre la conciliación prévia en el ámbito laboral*. Sevilla: Doctrina-Secretarios Judiciales, n. 25, marzo 2000.

DALAZEN, João Orestes. "Apontamentos sobre a reforma do processo trabalhista brasileiro". *Revista LTr* 62-10/1305-1312. São Paulo: LTr.

FERRAZ, Sérgio. *Mandado de Segurança (individual e coletivo), Aspectos polêmicos*. 2. ed. São Paulo: Malheiros, 1993.

FIGUEIROA JÚNIOR, Narciso. "As Comissões de Conciliação Prévia e a Solução dos Conflitos Individuais do Trabalho". *Revista LTr*, n. 9, setembro de 2002, pp. 66-09/1061.

FRANCO FILHO, Georgenor de Sousa. *A arbitragem e os Conflitos Coletivos do Trabalho no Brasil*. São Paulo: LTr, 1998.

GARCIA ORTEGA, Jesus; GOERLICH PESET, José Maria; COBOS ORIHUEL, Francisco Perez; MARTINEZ, Juan M. Ramírez; SALA FRANCO, Tomas. *Curso del Derecho del Trabajo*. 9. ed. Valencia: Tirant lo Blanch.

GIUGNI, Gino. *Derecho Sindical*. Trad. Eiko Lúcia Itioka. São Paulo: LTr, 1991.

GRANDI, Mario. "Conciliación, mediación y arbitraje en Italia". *In Conciliación, Mediación y Arbitraje Laboral en los Países de la Unión Europea*. Ministerio de Trabajo y Asuntos Sociales.

GRINOVER, Ada Pellegrini. *O porcesso em evolução*. Rio de Janeiro: Forense, 1993.

______. *As garantias constitucionais de direito e ação*. São Paulo: Revista dos Tribunais, 1973.

JACOB MORGADO, Isabele. *A Arbitragem nos Conflitos de Trabalho*. São Paulo, LTr, 1998.

LOPES, Otávio Brito. *As Comissões de Conciliação Prévia*. São Paulo: Consulex, 2001.

LOY, Gianni (a cura di). *La nueva disciplina de conciliación y del Arbitraje*. Milano: CEDAM, 2000.

MALLET, Estevão. *Primeiras linhas sobre as Comissões de Conciliação*. São Paulo: LTr, 2000.

MANCINI, Giuseppe Frederico; ROMAGNOLI, Umberto. *Il diritto sindicale, il Mulino*. 1971.

MARTIN VALVERDE, Antonio; SAÑUDO GUTIÉRREZ, Férmin Rodrigues; GARCIA MÚRCIA, Joaquin. *Derecho del Trabajo.* Madrid: Tecnos, 2000.

MARTINS FILHO, Ives Gandra. *A Justiça do Trabalho no ano 2000* — As Leis ns. 9.957/00 e 9.958/00, a Emenda Constitucional n. 24/99 e a Reforma do Judiciário. Brasília, 2000. *Site Jus Navegandi.*

MARTINS, Sérgio Pinto. *Dirieto Processual do Trabalho.* São Paulo: Atlas, 2001.

MELGAR, Alfredo Montoya. *Derecho del Trabajo.* Madrid: Tecnos, 2000.

GARCIA ORTEGA, Jesus; GOERLICH PESET, José Maria; COBOS ORIHUEL Francisco Perez; MARTINEZ, Juan M. Ramírez; SALA FRANCO, Tomas. *Curso del Derecho del Trabajo.* 9. ed. Valencia: Tirant lo Banch.

MONTERO AROCA. *Introducción al Derecho Procesal.* Madrid: Civitas, 1979.

______. *Comentarios a la Ley de Procedimiento Laboral.* Madrid: Civitas, 1993.

MORALES ORTEGA, José Manuel. *La Administración del Convênio Colectivo.* Madrid: Civitas, 1998.

NASCIMENTO, Amauri M. *Iniciação ao Direito do Trabalho.* São Paulo: LTr, 1993.

NERY JÚNIOR, Nélson. *Princípios do Processo Civil na Constituição Federal.* 5. ed. São Paulo: Revista dos Tribunais, 1999.

PADRAS, Maria Isabel Romero. *La concilación en el Proceso Laboral.* Valecia: Tirant Monografiás, 2000.

PALOMÉQUE-LOPEZ, Manuel Carlos e DE LA ROSA, Manuel Álvarez. *Derecho del Trabajo.* Madrid: Ramón Areces, 2001.

PASTORE, José. "Comissões de Conciliação Prévia". *O Estado de S. Paulo.* São Paulo, 21 de maio de 2002.

PIQUERAS PIQUERAS, Carmen. *El Acuerdo sobre Solución Extrajudicial de Conflictos.* Ibidem Ediciones, 1998.

PERONE, Giacarlo. Texto suministrador por el autor, Roma, 2002.

REY GUANTER, Salvador. "Los medios extrajudiciales en la Ley n. 11/1994". *In Cuaderno Judicial*, octubre 1994.

RODRÍGUES FERNÁNDEZ, M. Luz. "La intervención previa de la comisión paritaria en los procedimientos del ASEC II". *In La Solución Extrajudicial de los Conflictos Laborales.* Valladolid: Junta de Castilla y Léon, 2001.

SALAS FRANCO, Tomas. "Los medios extrajudiciales en la Ley n. 11/1994". *In Cuaderno de Derecho Judicial Conflictos Colectivos*, Valencia: Consejo General del Poder Judicial, octubre de 1994.

______; ALFONSO MELLADO, Carlos L. *Los Procedimientos Extrajudiciales de Solución de los Conflictos Laborales establecidos en la Negociación Colectiva.* Valencia: Tirant, 1996.

______. *Los procedimientos extrajudiciales*. Valencia: Tirant Monografia, 1996.

SOUTO MAIOR, Jorge Luiz. "Alterações da CLT — Lei n. 9.957 e n. 9.958/00. *In Síntese Trabalhista*, v. 128, São Paulo, fevereiro de 2000, p. 130-131.

______. "Legislação do Trabalho". *Suplemento Trabalhista*. São Paulo: LTr, 2000, n. 33.

SORIA, José Vida. *Quince Leciones sobre Conflictos Colectivos de Trabajo*. Madrid: Universidad de Madrid, 1968.

SÜSSEKIND, Arnaldo. "Comissões de Conciliação Prévia". *Revista Legislação do trabalho*. São Paulo: LTr, ano 56, n. 2, fev. 92.

TARTAGLIONE, Luca. "Conciliazione e arbitrato nelle controvesie di lavoro". *Edl Il Sole*, 24 ORE.

TISCINI, Roberta. *Processo del Lavoro e Rapporto alle Dipendenze delle Amministrazioni Pubbliche, a cura di Gian Carlos Perone e Bruno Sassani*. Roma: Cedam, 1999.

VALDÉS DAL-RÉ, Fernando. *La Aplicación de los Convênios: Vigilancia, Interpretación, Conflictos, Quince Leciones sobre Convênios Colectivos*. Madrid: UCM — Universidad Madrid, Fac. Derecho, 1976.

______. "Conciliación, mediación y arbitraje en los países de la Unión Europea". *Relaciones Laborales* n. 18, ano XVIII, Madrid, septiembre 2002.

______. "Conciliación, Mediación y Arbitraje Laboral en los Países de la Unión Europea". *Informe de síntesis sobre conciliación, mediación y arbitraje en la EU*. Madrid: Ministerio de Trabajo y Asuntos Sociales, 2002.

______. *Tutela judicial y autotutela colectiva*, RL, n. 2, febrero 1992.

______. *Mediación y Arbitraje en España. El papel de las Comisiones Paritarias*. Madrid: UGT, 2003.

______. *Las Comisiones Paritarias de los Convênios Colectivos*. Madrid: Instituto de Estudios Politicos, 1976.

______. "Cuestiones y problemas aplicativos del acuerdo sobre solución extrajudicial". *In La nueva función de la negociación colectiva y los acurdos interconfederales sobre el empleo — X Jornada de Estudio sobre la Negociación Colectiva*. Madrid: Colección Informes y Estudios, 4 y 5 de junio de 1997.

______. *Arbitraje y conflictos colectivos en el ASEC: Problemas de aplicación*.

VASCONCELOS, Antonio Gomes. *Núccleos Intersindicais de Conciliação Trabalhista*. São Paulo: LTr, 1999.

VILLALÓN CRUZ, Jesus. *El arbitraje laboral en la Reforma Legislativa*. Valencia: Tirant lo Blanch. Escaso éxito de los procedimientos extrajudiciales de origen estatal, 1995.

LEGISLAÇÕES ESPANHOLA E ITALIANA

Constitución Española

Artículo 24

1. Todas las personas tienen derecho a obtener la tutela efectiva de los jueces y tribunales en el ejercicio de sus derechos e intereses legítimos, sin que, en ningún caso, pueda producirse indefensión.

2. Asimismo, todos tienen derecho al *Juez* ordinario predeterminado por la ley, a la defensa y a la asistencia de letrado, a ser informados de la acusación formulada contra ellos, a un proceso público sin dilaciones indebidas y con todas las garantías, a utilizar los medios de prueba pertinentes para su defensa, a no declarar contra sí mismos, a no confesarse culpables y a la presunción de inocencia.

La ley regulará los casos en que, por razón de parentesco o de secreto profesional, no se estará obligado a declarar sobre hechos presuntamente delictivos.

Artículo 28

1. Todos tienen derecho a sindicarse libremente. La ley podrá limitar o exceptuar el ejercicio de este derecho a las Fuerzas o Institutos armados o a los demás Cuerpos sometidos a disciplina militar y regulará las peculiaridades de su ejercicio para los funcionarios públicos. La libertad sindical comprende el derecho a fundar sindicatos y a afiliarse al de su elección, así como el derecho de los sindicatos a fomar confederaciones y a fundar organizaciones sindicales internacionales o afiliarse a las mismas. Nadie podrá ser obligado a afiliarse a un sindicato.

2. Se reconoce el derecho a la huelga de los trabajadores para la defensa de sus intereses. La ley que regule el ejercicio de este derecho establecerá las garantías precisas para asegurar el mantenimiento de los servicios esenciales de la comunidad.

Artículo 37

1. La ley garantizará el derecho a la negociación colectiva laboral entre los representantes de los trabajadores y empresarios, así como la fuerza vinculante de los convenios.

2. Se reconoce el derecho de los trabajadores y empresarios a adoptar medidas de conflicto colectivo. La ley que regule el ejercicio de este derecho, sin perjuicio de las limitaciones que pueda establecer, incluirá las garantías precisas para asegurar el funcionamiento de los servicios esenciales de la comunidad.

Real Decreto Legislativo n. 1/95, de 24 de marzo — Aprueba el Texto Refundido de la Ley del Estatuto de los Trabajadores

Art. 91. Aplicación e interpretación — Con independencia de las atribuicionres fijadas por las partes a las comisiones paritarias, de conocimiento y resolución de los conflictos derivados de la aplicacíon e interpretación con carácter general de los convenios colectivos, se resolverá por la jurisdicción competente.

No obstante lo anteior, en los convenios colectivos y en los acuerdos a que se refiere el articuo 83.2 y 3 de esta Ley, se podrán establecer procedimientos, como la mediación y el arbitraje, para la solución de las controversias colectivas derivadas de la aplicación e interpretación de los convenios colectivos.

El acuerdo logrado a través de la mediación y el laudo arbitral tendrán la eficácia jurídica y tramitación de los convenios colectivos regulados en la presente Ley, siempre que quienes hubiesen adoptado el acuerdo o suscrito el compromiso arbitral tuviesen la legitimación que les permita acordar, en el ámbito del conflicto, un convenio colectivo, confore a lo previsto en los artículos 87, 88 y 89 de esta Ley.

Estos acuerdos y laudos serán susceptibles de impugnación por los motivos y conforme a los procedimientos previstos para los convenios colectivos. Especificamente cabrá el recurso contra el laudo arbitral en el caso de que no se hubiesen observado en el desarrollo de la actuación arbitrall los requisitos y formalidades establecidos al efecto, o cuando el laudo hubiese resuelto sobre puntos no sometidos a su decisíon. Estos procedimientos serán, asimismo, utilizables en las controversias de carácter individual, cuando las partes expresamente se sometan a ellos.

Real Decreto Legislativo n. 2/95 , de 7 de abril — Aprueba el Texto Refundido de la Ley de Procedimiento Laboral

Título V
De la evitación del proceso

Capítulo Primero
De la conciliación previa

Art. 63. Será requisito previo para la tramitación del proceso el intento de conciliación ante el servicio administrativo correspondientes o ante el órgano que asuma estas funciones, que podrá constituirse mediante los acuerdos interprofesionales o los convenios colectivos, a que se refiere el artícuo 83 del texto refundido de la Ley del Estatuto de los Trabajadores.

Del proceso de conflictos colectivos

Art. 151. 1. Se tramitarán a través del presente proceso las demandas que afecten a intereses generales de un grupo genérico de trabajadores y versen sobre la aplicacíon e interpretación de una norma estatal, convenio colectivo, cualquiera que sea su eficacia, o de una decisión o práctica de empresa.

2. También se tramitará en este proceso la impugnación de convenios colectivos de conformidad con lo dispuesto en el capítulo IX del presente título.

Art. 152. Estaran legitimados para pormover procesos sobre conflictos colectivos:

a) Los sindicatos cuyo àmbito de actuación se corresponda o sea más amplio que el del conflicto.

b) ...

c) ...

Art. 154. 1. Será requisito necesario para la tramitación del proceso el intento de conciliación ante el servicio administrativo correspondiente o ante los órganos de conciliación que puedan establecerse a través de los acuerdos interprofesionales o los convenios colectivos a que se refiere el artículo 83 del texto refundido de la Ley del Estatuto de los Trabajadores.

2. Lo acordado en conciliación tendrá la misma eficacia atribuida a los convenios colectivos por el artículo 82 del texto refundido de la Ley del Estatuto de los Trabajadores, siempre que las partes que concilien ostenten la legitimación y adopten el acuedo conforme a los requisitos exigidos por la citada norma. En tal caso se enviará copia de la misma a la autoridad laboral.

LEGISLAÇÃO ITALIANA

TITOLO IV
NORME PER LE CONTROVERSIE

In materia di lavoro(*) (12). Disposizioni sulla gratuità del giudizio e sul patrocinio statale. Disposizioni Sul Regime Transitorio e Sulle Strutture Giudiziarie.

CAPO I
DELLE CONTROVERSIE INDIVIDUALI DI LAVORO (13)

SEZIONE I
DISPOSIZIONI GENERALI

409. (*) (1) (Controversie individuali di lavoro). Si osservano le disposizioni del presente capo nelle controversie relative a:

1) rapporti di lavoro subordinato privato, anche se non inerenti all'esercizio di una impresa;

2) rapporti di mezzadria, di colonia parziaria, di compartecipazione agraria, di affitto a coltivatore diretto, nonché rapporti derivanti da altri contratti agrari, salva la competenza delle sezioni specializzate agrarie (2);

3) rapporti di agenzia, di rappresentanza commerciale ed altri rapporti di collaborazione che si concretino in una prestazione di opera continuativa e coordinata, prevalentemente personale, anche se non a carattere subordinato (3);

4) rapporti di lavoro dei dipendenti di enti pubblici che svolgono esclusivamente o prevalentemente attività economica (4);

5) rapporti di lavoro dei dipendenti di enti pubblici ed altri rapporti di lavoro pubblico, sempreché non siano devoluti dalla legge ad altro giudice (4).

(1) Si veda la nota (*) al titolo IV.

(1) Articolo così sostituito dall'art. 1 della L. 11 agosto 1973, n. 533.

(2) Si vedano, sulla competenza in materia di contratti individuali in agricoltura: art. 8, secondo comma, n. 3, c.p.c.; artt. 5 e 6 L. 15 agosto 1949, n. 533, sulla durata dei contratti individuali di lavoro dei salariati fissi; la L. 2 marzo 1963, n. 320, sulla disciplina delle controversie innanzi alle sezioni specializzate agrarie; la L. 3 maggio 1982, n. 203, norme sui contratti agrari, per le controversie concernenti la risoluzione del contratto di affitto, il recesso, la conversione dei rapporti, l'equo canone e gli altri diritti relativi ai contratti agrari; l'art. 9, L. 14 febbraio 1990, n. 29, recante modifiche e integrazioni alla L. 3 maggio 1982, n. 203, che ha attribuito alla competenza delle sezioni specializzate agrarie tutte le controversie in materia di contratti agrari e di conversione di rapporti associativi.

(3) Si veda la L. 3 maggio 1985, n. 204, disciplina dell'attività di agente e rappresentante di commercio.

(4) Si veda l'art. 37 della L. 20 maggio 1970, n. 300, statuto dei lavoratori.

Dispone l'art. 23 della L. 17 maggio 1985, n. 210, recante istituzione dell'ente "Ferrovie dello Stato":

"Le controversie di lavoro relative al personale dipendente dell'ente "Ferrovie dello Stato" sono di competenza del pretore del luogo ove ha sede l'ufficio dell'Avvocatura dello Stato nel cui distretto si trova il giudice che sarebbe competente secondo le norme ordinarie (*)".

(*) La Corte costituzionale, con sentenza n. 111 del 9 marzo 1990, ha dichiarato l'illegittimità di questo art. 23 nella parte in cui prevede che le controversie di lavoro relative al personale dipendente dell'ente siano devolute alla competenza del pretore del luogo ove ha sede l'ufficio dell'Avvocatura dello Stato nel cui distretto si trova il giudice che sarebbe competente secondo la disciplina generale delle controversie in materia di lavoro (art. 413 CPC).

Ha, poi disposto l'art. 63 del D.L.vo 30 marzo 2001, n. 165:

"63. (Controversie relative ai rapporti di lavoro). (Art. 68 del D.L.vo n. 29 del 1993, come ostituito prima dall'art. 33 del D.L.vo n. 546 del 1993 e poi dall'art. 29 del D.L.vo n. 80 del 1998 e successivamente modificato dall'art. 18 del D.L.vo n. 387 del 1998). 1. Sono devolute al giudice ordinario, in funzione di giudice del lavoro, tutte le controversie relative ai rapporti di lavoro alle dipendenze delle pubbliche amministrazioni di cui all'articolo 1, comma 2, ad eccezione di quelle relative ai rapporti di lavoro di cui al comma 4, incluse le controversie concernenti l'assunzione al lavoro, il conferimento e la revoca degli incarichi dirigenziali e la responsabilità dirigenziale, nonché quelle concernenti le indennità di fine rapporto, comunque denominate e corrisposte, ancorché vengano in questione atti amministrativi presupposti. Quando questi ultimi siano rilevanti ai fini della decisione, il giudice li disapplica, se illegittimi. L'impugnazione davanti al giudice amministrativo dell'atto amministrativo rilevante nella controversia non è causa di sospensione del processo.

2. Il giudice adotta, nei confronti delle pubbliche amministrazioni, tutti i provvedimenti, di accertamento, costitutivi o di condanna, richiesti dalla natura dei diritti tutelati. Le sentenze con le quali riconosce il diritto all'assunzione, ovvero accerta che l'assunzione è avvenuta in violazione di norme sostanziali o procedurali, hanno anche effetto rispettivamente costitutivo o estintivo del rapporto di lavoro.

3. Sono devolute al giudice ordinario, in funzione di giudice del lavoro, le controversie relative a comportamenti antisindacali delle pubbliceh amministrazioni ai sensi dell'articolo 28 della legge 20 maggio 1970, n. 300, e successive modificazioni ed integrazioni, e le controversie, promosse da organizzazioni sindacali, dall'ARAN o dalle pubbliche amministrazioni, relative alle procedure di contrattazione collettiva di cui all'articolo 40 e seguenti del presente decreto.

4. Restano devolute alla giurisdizione del giudice amministrativo le controversie in materia di procedure concorsuali per l'assunzione dei dipendenti delle pubbliche amministrazioni, nonché, in sede di giurisdizione esclusiva, le controversie relative ai rapporti di lavoro di cui all'articolo 3, ivi comprese quelle attinenti ai diritti patrimoniali connessi.

5. Nelle controversie di cui ai commi 1 e 3 e nel caso di cui all'articolo 64, comma 3, il ricorso per cassazione può essere proposto anche per violazione o falsa applicazione dei contratti e accordi collettivi nazionali di cui all'articolo 40."

Il successivo art. 65 del medesimo D.L.vo provede al terzo comma:

"3. Il giudice che rileva che non è stato promosso il tentativo di conciliazione secondo le disposizioni di cui all'articolo 66, commi 2 e 3, o che la domanda giudiziale è stata proposta prima della scadenza del termine di novanta giorni dalla promozione del tentativo, sospende il giudizio e fissa alle parti il termine perentorio di sessanta giorni per promuovere il tentativo di conciliazione. Si applica l'articolo 412 bis, commi secondo e quinto, del codice di procedura civile. Espletato il tentativo di conciliazione o decorso il termine di novanta giorni, il processo può essere riassunto entro il termine perentorio di centottanta giorni. La parte contro la quale è stata proposta la domanda in violazione dell'articolo 410 del codice di procedura civile, con l'atto di riassunzione o con memoria depositata in cancelleria almeno dieci giorni prima dell'udienza fissata, può modificare o integrare le proprie difese e proporre nuove eccezioni processuali e di merito, che non siano rilevabili d'ufficio. Ove il processo non sia stato tempestivamente riassunto, il giudice dichiara d'ufficio l'estinzione del processo con decreto cui si applica la disposizione di cui all'articolo 308 del codice di procedura civile."

Le materie escluse dalla giurisdizione del giudice civile sono, rispettivamente:

— Art. 2, comma primo, lettera c), numeri da 1 a 7, L. 23 ottobre 1992, n. 421:

"1) le responsabilità giuridiche attinenti ai singoli operatori nell'espletamento di procedure amministrative;

2) gli organi, gli uffici, i modi di conferimento della titolarità dei medesimi;

3) i principi fondamentali di organizzazione degli uffici;

4) i procedimenti di selezione per l'accesso al lavoro e di avviamento al lavoro;

5) i ruoli e le dotazioni organiche nonché la loro consistenza complessiva. Le dotazioni complessive di ciascuna qualifica sono definite previa informazione alle organizzazioni sindacali interessate maggiormente rappresentative sul piano nazionale;

6) la garanzia della libertà di insegnamento e l'autonomia professionale nello svolgimento dell'attività didattica, scientifica e di ricerca;

7) la disciplina della responsabilità e delle incompatibilità tra l'impiego pubblico ed altre attività e i casi di divieto di cumulo di impieghi e incarichi pubblici".

— Art. 3 del D.L.vo n. 165/2001:

"3. (Personale in regime di diritto pubblico). (Art. 2, commi 4 e 5 del D.L.vo n. 29 del 1993, come sostituiti dall'art. 2 del D.L.vo n. 546 del 1993 e successivamente modificati dall'art. 2, comma 2 del D.L.vo n. 80 del 1998). 1. In deroga all'articolo 2, commi 2 e 3, rimangono disciplinati dai rispettivi ordinamenti: i magistrati ordinari, amministrativi e contabili, gli avvocati e procuratori dello Stato, il personale militare e delle Forze di polizia di Stato, il personale della carriera diplomatica e della carriere prefettizia nonché i dipendenti degli enti che svolgono la loro attività nelle materia contemplate dall'articolo 1 del decreto legislativo del Capo provvisorio dello Stato 17 luglio 1947, n. 691, e dalle leggi 4 giugno 1985, n. 281, e successive modificazioni ed integrazioni, e 10 ottobre 1990, n. 287.

2. Il rapporto di impiego dei professori e dei ricercatori universitari resta disciplinato dalle disposizioni rispettivamente vigenti, in attesa della specifica disciplina che la regoli in modo organico ed in conformità ai principi della autonomia universitaria di cui all'articolo 33 della Costituzione ed agli articoli 6 e seguenti della legge 9 maggio 1989, n. 168, e successive modificazioni ed integrazioni, tenuto conto dei principi di cui all'articolo 2, comma 1, della legge 23 ottobre 1992, n. 421."

410. (1) (Tentativo obbligatorio di conciliazione) (2) (3) (5). Chi intende proporre in giudizio una domanda relativa ai rapporti previsti dall'articolo 409 e non ritiene di avvalersi delle procedure di conciliazione previste dai contratti e accordi collettivi deve promuovere, anche tramite l'associazione sindacale alla quale aderisce o conferisca mandato, il tentativo di conciliazione presso la commissione di conciliazione individuata secondo i criteri di cui all'articolo 413 (4).

La comunicazione della richiesta di espletamento del tentativo di conciliazione interrompe la prescrizione e sospende, per la durata del tentativo di conciliazione e per i venti giorni successivi alla sua conclusione, il decorso di ogni termine di decadenza (4).

La commissione, ricevuta la richiesta, tenta la conciliazione della controversia, convocando le parti, per una riunione da tenersi non oltre dieci giorni dal ricevimento della richiesta.

Con provvedimento del direttore dell'ufficio provinciale del lavoro e della massima occupazione è istituita in ogni provincia, presso l'ufficio provinciale del lavoro e della massima occupazione, una commissione provinciale di conciliazione composta dal direttore dell'ufficio stesso o da un suo delegato, in qualità di presidente, da quattro rappresentanti effettivi e da quattro supplenti dei datori di lavoro e da quattro rappresentanti effettivi e da quattro supplenti dei lavoratori, designati dalle rispettive organizzazioni sindacali maggiormente rappresentative su base nazionale.

Commissioni di conciliazione possono essere istituite, con le stesse modalità e con la medesima composizione di cui al precedente comma, anche presso le sezioni zonali degli uffici provinciali del lavoro e della massima occupazione.

Le commissioni, quando se ne ravvisi la necessità, affidano il tentativo di conciliazione a proprie sottocommissioni, presiedute dal direttore dell'ufficio provinciale del lavoro e della massima occupazione o da un suo delegato, che rispecchino la composizione prevista dal precedente terzo comma.

In ogni caso per la validità della riunione è necessaria la presenza del presidente e di almeno un rappresentante dei datori di lavoro e di uno dei lavoratori.

Ove la riunione della commissione non sia possibile per la mancata presenza di almeno uno dei componenti di cui al precedente comma, il direttore dell'ufficio provinciale del lavoro certifica l'impossibilità di procedere al tentativo di conciliazione.

“2. La domanda giudiziale diventa procedibile trascorsi novanta giorni dalla promozione del tentativo di conciliazione.

3. Il giudice che rileva che non è stato promosso il tentativo di conciliazione secondo le disposizioni di cui all’articolo 66, commi 2 e 3, o che la domanda giudiziale è stata proposta prima della scadenza del termine di novanta giorni dalla promozione del tentativo, sospende il giudizio e fissa alle parti il termine perentorio di sessanta giorni per promuovere il tentativo di conciliazione. Si applica l’articolo 412 bis, commi 2 e 5, del codice di procedura civile. Espletato il tentativo di conciliazione o decorso il termine di novanta giorni, il processo può essere riassunto entro il termine perentorio di centottanta giorni. La parte contro la quale è stata proposta la domanda di violazione dell’articolo 410 del codice di procedura civile, con l’atto di riassunzione o con memoria depositata in cancelleria almeno dieci giorni prima dell’udienza fissata, può modificare o integrare le proprie difese e proporre nuove eccezioni processuali e di merito, che non siano rilevabili d’ufficio. Ove il processo non sia stato tempestivamente riassunto, il giudice dichiara d’ufficio l’estinzione del processo con decreto cui si applica la disposizione di cui all’articolo 308 del codice di procedura civile.

4. Il Ministero del lavoro e della previdenza sociale, d’intesa con la Presidenza del Consiglio dei ministri — Dipartimento della funzione pubblica ed il Ministro del tesoro, del bilancio e della programmazione economica, provvede, mediante mobilità volontaria interministeriale, a dotare le Commissioni di conciliazione territoriali degli organici indispensabili per la tempestiva realizzazione del tentativo obbligatorio di conciliazione delle controversie individuali di lavoro nel settore pubblico e privato.”

“2. La richiesta del tentativo di conciliazione, sottoscritta dal lavoratore, è consegnata alla direzione presso la quale è istituito il collegio di conciliazione competente o spedita mediante raccomandata con avviso di ricevimento. Copia della richiesta deve essere consegnata o spedita a cura dello stesso lavoratore all’amministrazione di appartenenza.

3. La richiesta deve precisare:

a) l’amministrazione di appartenenza e la sede alla quale il lavoratore è addetto;

b) il luogo dove gli devono essere fatte le comunicazioni inerenti alla procedura;

c) l’esposizione sommaria dei fatti e delle ragioni poste a fondamento della pretesa;

d) la nomina del proprio rappresentante nel collegio di conciliazione o la delega per la nomina medesima ad un’organizzazione sindacale.

4. Entro trenta giorni dal ricevimento della copia della richiesta, l’amministrazione, qualora non accolga la pretesa del lavoratore, deposita presso la Direzione osservazioni scritte. Nello stesso atto nomina il proprio rappresentante in seno al collegio di conciliazione. Entro i dieci giorni suc-

cessivi al deposito, il Presidente fissa la comparizione delle parti per il tentativo di conciliazione. Dinanzi al collegio di conciliazione, il lavoratore può farsi rappresentare o assistere anche da un'organizzazione cui aderisce o conferisce mandato. Per l'amministrazione deve comparire un soggetto munito del potere di conciliare.

5. Se la conciliazione riesce, anche limitatamente, ad una parte della pretesa avanzata dal lavoratore, viene redatto separato processo verbale sottoscritto dalle parti e dai componenti del collegio di conciliazione. Il verbale costituisce titolo esecutivo. Alla conciliazione non si applicano le disposizioni dell'articolo 2113, commi 1, 2 e 3 del Codice civile.

6. Se non si raggiunge l'accordo tra le parti, il collegio di conciliazione deve formulare una proposta per bonaria definizione della controversia. Se la proposta non è accettata, i termini di essa sono riassunti nel verbale con indicazione delle valutazioni espresse dalle parti.

7. Nel successivo giudizio sono acquisiti, anche di ufficio, i verbali concernenti il tentativo di conciliazione non riuscito. Il giudice valuta il comportamento tenuto dalle parti nella fase conciliativa ai fini del regolamento delle spese.

8. La conciliazione della lite da parte di chi rappresenta la pubblica amministrazione, in adesione alla proposta formulata dal collegio di cui al comma 1, ovvero in sede giudiziale ai sensi dell'articolo 420, commi 1, 2 e 3 del codice di procedura civile, non può dar luogo a responsabilità amministrativa."

(1) Articolo così sostituito dall'art. 1 della L. 11 agosto 1973, n. 533.

(2) La rubrica: "Tentativo facoltativo di conciliazione" è stata così sostituita dall'attuale dall'art. 36, comma 1, del D.L.vo 31 marzo 1998, n. 80.

(3) Questa procedura è esperibile anche per tentare la conciliazione di azioni giudiziarie intraprese per la dichiarazione di discriminazione della parità tra i sessi, in materia di lavoro, a sensi dell'art. 4 L. 10 aprile 1991, n. 125. Ed è obbligatoria, a pena di improcedibilità della domanda, e in alternativa ad eventuali procedure conciliative previste dai contratti e dagli accordi collettivi, nei giudizi aventi ad oggetto la dichiarazione di nullità del licenziamento discriminatorio, a sensi della L. 11 maggio 1990, n. 108, disciplina dei licenziamenti individuali.

(4) Il primo comma è stato dapprima così sostituito dagli attuali commi primo e secondo dall'art. 36, comma 1, del D.L.vo 31 marzo 1998, n. 80 e da ultimo così modificato dall'art. 19, n. 8, del D.L.vo 29 ottobre 1998, n. 387.

(5) Per la procedura obbligatoria di conciliazione prevista per i pubblici dipendenti si vedano gli artt. 65 e 66 del D.L.vo 30 marzo 2001, n. 165:

"65. (Tentativo obbligatorio di conciliazione nelle controversie individuali). (Art. 69 del D.L.vo n. 29 del 1993, come sostituito prima dall'art. 34 del D.L.vo n. 546 del 1993 e poi dall'art. 31 del D.L.vo n. 80 del 1998 e successivamente modificato prima dall'art. 19, commi da 3 a 6 del D.L.vo

n. 387 del 1998 e poi dall'art. 45, comma 22 della legge n. 448 del 1998). 1. Per le controversie individuali di cui all'articolo 63, il tentativo obbligatorio di conciliazione di cui all'articolo 410 del codice di procedura civile si svolge con le procedure previste dai contratti collettivi, ovvero davanti al collegio di conciliazione di cui all'articolo 66, secondo le disposizioni dettate dal presente decreto.

66. (Collegio di conciliazione). (Art. 69 bis del D.L.vo n. 29 del 1993, aggiunto dall'art. 32 del D.L.vo n. 80 del 1998 e successivamente modificato dall'art. 19, comma 7 del D.L.vo n. 387 del 1998). 1. Ferma restando la facoltà del lavoratore di avvalersi delle procedure di conciliazione previste dai contratti collettivi, il tentativo obbligatorio di conciliazione di cui all'articolo 65 si svolge, con le procedure di cui ai commi seguenti, dinanzi ad un collegio di conciliazione istituito presso la Direzione provinciale del lavoro nella cui circoscrizione si trova l'ufficio cui il lavoratore è addetto, ovvero era addetto al momento della cessazione del rapporto. Le medesime procedure si applicano, in quanto compatibili, se il tentativo di conciliazione è promosso dalla pubblica amministrazione. Il collegio di conciliazione è composto dal direttore della Direzione o da un suo delegato, che lo presiede, da un rappresentante del lavoratore e da un rappresentante dell'amministrazione."

410 bis. (1) (Termine per l'espletamento del tentativo di conciliazione). Il tentativo di conciliazione, anche se nelle forme previste dai contratti e accordi collettivi, deve essere espletato entro sessanta giorni dalla presentazione della richiesta.

Trascorso inutilmente tale termine, il tentativo di conciliazione si considera comunque espletato ai fini dell'articolo 412 bis.

(1) Questo articolo è stato inserito dall'art. 37 del D.L.vo 31 marzo 1998, n. 80.

411. (1) (Processo verbale di conciliazione). Se la conciliazione riesce, si forma processo verbale (126) che deve essere sottoscritto dalle parti e dal presidente del collegio che ha esperito il tentativo, il quale certifica l'autografia della sottoscrizione delle parti o la loro impossibilità di sottoscrivere (2113 u.c. c.c.).

Il processo verbale è depositato a cura delle parti o dell'ufficio provinciale del lavoro e della massima occupazione nella cancelleria del tribunale (2) nella cui circoscrizione è stato formato. Il giudice (2), su istanza della parte interessata, accertata la regolarità formale del verbale di conciliazione, lo dichiara esecutivo con decreto.

Se il tentativo di conciliazione si è svolto in sede sindacale, il processo verbale di avvenuta conciliazione è depositato presso l'ufficio provinciale del lavoro e della massima occupazione a cura di una delle parti o per il tramite di un'associazione sindacale. Il direttore, o un suo delegato, accertatane la autenticità, provvede a depositarlo nella cancelleria del tribunale (2) nella cui circoscrizione è stato redatto. Il giudice (2), su istanza della parte interessata, accertata la regolarità formale del verbale di conciliazione, lo dichiara esecutivo con decreto.

(1) Articolo così sostituito dall'art. 1 della L. 11 agosto 1973, n. 533.

(2) Le parole: "pretura" e "pretore" sono state sostituite dalle parole: "tribunale" e "giudice" dall'art. 81 del D.L.vo 19 febbraio 1998, n. 51, recante l'istituzione del giudice unico, a decorrere dal 2 giugno 1999.

411. (1) (Processo verbale di conciliazione). Se la conciliazione riesce, si forma processo verbale (126) che deve essere sottoscritto dalle parti e dal presidente del collegio che ha esperito il tentativo, il quale certifica l'autografia della sottoscrizione delle parti o la loro impossibilità di sottoscrivere (2113 u.c. c.c.).

Il processo verbale è depositato a cura delle parti o dell'ufficio provinciale del lavoro e della massima occupazione nella cancelleria del tribunale (2) nella cui circoscrizione è stato formato. Il giudice (2), su istanza della parte interessata, accertata la regolarità formale del verbale di conciliazione, lo dichiara esecutivo con decreto.

Se il tentativo di conciliazione si è svolto in sede sindacale, il processo verbale di avvenuta conciliazione è depositato presso l'ufficio provinciale del lavoro e della massima occupazione a cura di una delle parti o per il tramite di un'associazione sindacale. Il direttore, o un suo delegato, accertatane la autenticità, provvede a depositarlo nella cancelleria del tribunale (2) nella cui circoscrizione è stato redatto. Il giudice (2), su istanza della parte interessata, accertata la regolarità formale del verbale di conciliazione, lo dichiara esecutivo con decreto.

(1) Articolo così sostituito dall'art. 1 della L. 11 agosto 1973, n. 533.

(2) Le parole: "pretura" e "pretore" sono state sostituite dalle parole: "tribunale" e "giudice" dall'art. 81 del D.L.vo 19 febbraio 1998, n. 51, recante l'istituzione del giudice unico, a decorrere dal 2 giugno 1999.

412. (1) (Verbale di mancata conciliazione). Se la conciliazione non riesce, si forma processo verbale con l'indicazione delle ragioni del mancato accordo; in esso le parti possono indicare la soluzione anche parziale sulla quale concordano, precisando, quando è possibile, l'ammontare del credito che spetta al lavoratore. In quest'ultimo caso il processo verbale acquista efficacia di titolo esecutivo, osservate le disposizioni di cui all'articolo 411.

L'Ufficio provinciale del lavoro rilascia alla parte copia del verbale entro cinque giorni dalla richiesta.

Le disposizioni del primo comma si applicano anche al tentativo di conciliazione in sede sindacale.

Delle risultanze del verbale di cui al primo comma il giudice tiene conto in sede di decisione sulle spese del successivo giudizio.

(1) Questo articolo è stato da ultimo così sostituito dall'art. 38 del D.L.vo 31 marzo 1998, n. 80.

412 bis. (1) (Procedibilità della domanda). L'espletamento del tentativo di conciliazione costituisce condizione di procedibilità della domanda.

L'improcedibilità deve essere eccepita dal convenuto nella memoria difensiva di cui all'articolo 416 e può essere rilevata d'ufficio dal giudice non oltre l'udienza di cui all'articolo 420.

Il giudice ove rilevi che non è stato promosso il tentativo di conciliazione ovvero che la domanda giudiziale è stata presentata prima dei sessanta giorni dalla promozione del tentativo stesso, sospende il giudizio e fissa alle parti il termine perentorio di sessanta giorni per promuovere il tentativo di conciliazione (2).

Trascorso il termine di cui al primo comma dell'articolo 410 bis, il processo può essere riassunto entro il termine perentorio di centottanta giorni (3).

Ove il processo non sia stato tempestivamente riassunto, il giudice dichiara d'ufficio l'estinzione del processo con decreto cui si applica la disposizione di cui all'articolo 308 (4).

Il mancato espletamento del tentativo di conciliazione non preclude la concessione dei provvedimenti speciali d'urgenza e di quelli cautelari previsti nel capo III del titolo I del libro IV.

(1) Questo articolo è stato inserito dall'art. 39, comma 1, del D.L.vo 31 marzo 1998, n. 80.

(2) Questo comma è stato così sostituito dall'art. 19, n. 9, del D.L.vo 29 ottobre 1998, n. 387.

(3) Questo comma è stato così modificato dall'art. 19, n. 10, del D.L.vo 29 ottobre 1998, n. 387.

(4) Questo comma è stato inserito dall'art. 19, n. 11, del D.L.vo 29 ottobre 1998, n. 387.

412 ter. (1) (Arbitrato irrituale previsto dai contratti collettivi) (2). Se il tentativo di conciliazione non riesce o comunque è decorso il termine previsto per l'espletamento (3), le parti possono concordare di deferire ad arbitri la risoluzione della controversia, anche tramite l'organizzazione sindacale alla quale aderiscono o abbiano conferito mandato, se i contratti o accordi collettivi nazionali di lavoro prevedono tale facoltà e stabiliscono:

a) le modalità della richiesta di devoluzione della controversia al collegio arbitrale e il termine entro il quale l'altra parte può aderirvi;

b) la composizione del collegio arbitrale e la procedura per la nomina del presidente e dei componenti;

c) le forme e i modi di espletamento dell'eventuale istruttoria;

d) il termine entro il quale il collegio deve emettere il lodo, dandone comunicazione alle parti interessate;

e) i criteri per la liquidazione dei compensi agli arbitri.

I contratti e accordi collettivi possono, altresì, prevedere l'istituzione di collegi o camere arbitrali stabili, composti e distribuiti sul territorio secondo criteri stabiliti in sede di contrattazione nazionale.

Nella pronuncia del lodo arbitrale si applica l'articolo 429, terzo comma, del codice di procedura civile.

Salva diversa previsione della contrattazione collettiva, per la liquidazione delle spese della procedura arbitrale si applicano altresì gli articoli 91, primo comma, e 92 del codice di procedura civile.

(1) Questo articolo è stato inserito dall'art. 39, comma 1, del D.L.vo 31 marzo 1998, n. 80.

(2) L'originaria rubrica di questo articolo è stata così sostituita dall'art. 19, n. 12, del D.L.vo 29 ottobre 1998, n. 387.

(3) Le originarie parole: «nel primo comma dell'articolo 410 bis» sono state così sostituite dall'art. 19, n. 13, del D.L.vo 29 ottobre 1998, n. 387.

412 quater. (1) (Impugnazione ed esecutività del lodo arbitrale). Sulle controversie aventi ad oggetto la validità del lodo arbitrale decide in unico grado il Tribunale, in funzione del giudice del lavoro, della circoscrizione in cui è la sede dell'arbitrato. Il ricorso è depositato entro il termine di trenta giorni dalla notificazione del lodo (2).

Trascorso tale termine, o se le parti hanno comunque dichiarato per iscritto di accettare la decisione arbitrale, ovvero se il ricorso è stato respinto dal Tribunale, il lodo è depositato nella cancelleria del Tribunale nella cui circoscrizione è la sede dell'arbitrato. Il giudice, su istanza della parte interessata, accertata la regolarità formale del lodo arbitrale, lo dichiara esecutivo con decreto (3).

[La Corte d'appello decide con sentenza provvisoriamente esecutiva ricorribile in cassazione] (4).

(1) Questo articolo è stato inserito dall'art. 39, comma 1, del D.L.vo 31 marzo 1998, n. 80.

(2) Questo comma è stato così sostituito dall'art. 19, n. 14, del D.L.vo 29 ottobre 1998, n. 387.

(3) Questo comma è stato così modificato dall'art. 19, n. 16, del D.L.vo 29 ottobre 1998, n. 387.

(4) Questo comma è stato soppresso dall'art. 19, n. 15, del D.L.vo 29 ottobre 1998, n. 387.

Produção Gráfica, Editoração Eletrônica e Revisão: **WTJ**
Capa: **ELIANA C. COSTA**
Impressão: **VIDA E CONSCIÊNCIA**